Jumalan kuunteleminen

Hengen miekka -kirjasarja:

1 *Toimiva rukous*
2 *Hengen tunteminen*
3 *Jumalan hallintavalta*
4 *Elävä usko*
5 *Jumalan kirkkaus seurakunnassa*
6 *Palveleminen Hengessä*
7 *Isän tunteminen*
8 *Kadotettujen tavoittaminen*
9 *Jumalan kuunteleminen*
10 *Pojan tunteminen*
11 *Pelastus armosta*
12 *Palvonta Hengessä ja totuudessa*

www.swordofthespirit.co.uk

Copyright © 2018 Colin Dye
ISBN: 978-1-912296-14-9

Ensimmäinen painos
Kensington Temple
KT Summit House
100 Hanger Lane
London, W5 1EZ

Kaikki oikeudet pidätetään. Tämän julkaisun tai sen osan jäljentäminen tai tallentaminen ilman tekijän kirjallista lupaa painamalla, monistamalla, äänittämällä, sähköisesti tai muulla tavoin on tekijänoikeuslain mukaisesti kielletty.

Raamatun lainaukset ovat vuoden 1992 käännöksestä, ellei toisin mainittu.

Suomennos: Christina Kotisaari
Taitto: Marko Joensuu
Kansi: Yewhung Chin

Hengen miekka

Jumalan kuunteleminen

Colin Dye

Sisällysluettelo

Johdanto		7
1	Profeetallinen kuunteleminen	11
2	Kommunikoiva Jumala	21
3	Jumalan Sana	43
4	Jumalan tahto	59
5	Profeetallinen kuunteleminen Vanhassa testamentissa	75
6	Profeetallinen kuunteleminen Uudessa testamentissa	89
7	Profeetallinen kuunteleminen nykyään	111
8	Profeetallisten ilmoitusten arvosteleminen	133
9	Profeetallisen kuuntelemisen kehittäminen	151

Johdanto

Useimmat seurakuntien jumalanpalvelukset ovat täynnä ihmisten puhetta ja laulua. Usein onkin niin, että ihmiset kokoontuvat yhteen puhumaan Jumalalle rukouksessa ja kiitoksessa, ylistämään häntä virsin ja hengellisin lauluin, puhumaan hänestä ylistäen ja kuuntelemaan toisten ihmisten pitämiä saarnoja. Jumalan kuunteleminen ei ole yleensä lainkaan niin tärkeällä sijalla kuin Jumalalle puhuminen ja Jumalasta laulaminen.

Tälle on joitakin itsestään selviä syitä: useimmat uskovat todella aidosti nauttivat laulamisesta, monet kokevat rukoilemisen melko helpoksi ja useille on jo lapsuudesta asti tullut tutuksi kuunnella, kun toiset opettavat. Hiljaisuus sitä vastoin tuntuu nykyihmisistä hyvinkin epämukavalta, ja monet kokevat ajatuksen Jumalan kuuntelemisesta monilta osin vieraaksi.

Monissa seurakunnissa oltaisiin ymmällään, jos johtajat ilmoittaisivat, että seuraavat 20 minuuttia vietetään Jumalaa kuunnellen – ihmisten eivät silloin yksinkertaisesti tietäisi, mitä tehdä.

Toisaalta taas edellisinä vuosikymmeninä on ollut aina vain enemmän niitä kristittyjä, jotka kertovat kuulevansa Jumalan puhuvan heille henkilökohtaisesti. Sanat "Jumala sanoi minulle" ovat nykyään varmastikin yksi yleisimmin kuulluista ilmauksista monissa aikamme seurakunnissa.

Osa niistä uskovista, jotka käyttävät edellä mainittuja sanoja, kokee kuitenkin vaikeaksi selittää, kuinka he ovat kuulleet Jumalan puhuvan heille. Heille ei välttämättä myöskään ole opetettu, kuinka heidän tulisi suhtautua niihin sanoihin, jotka he kuulevat.

Jumalan kuunteleminen

Kaikkivaltiaan Jumalan kuuntelemisen tulee olla perustavanlaatuinen asia niin ihmisten uskonelämässä kuin kaikenlaisessa hengellisessä palvelemisessakin. Jos emme saa Jumalan ohjausta, emme voi olla kuuliaisia hänelle. Jos emme tiedä, kuinka tunnistaa hänen äänensä, meidät saatetaan johtaa harhaan. Jos emme osaa koetella profeetallisia ilmoituksia, saatamme päätyä käyttäytymään typerästi. Ja jos vain harvoin kuuntelemme tietoisesti Jumalaa, suhteemme häneen jää väistämättä etäiseksi ja pinnalliseksi.

Tämä kirja on tarkoitettu uskoville, jotka ovat valmiit laittamaan syrjään omat ennakkokäsityksensä Jumalan kuuntelemisesta ja jotka ovat innokkaita opiskelemaan Jumalan Sanaa ymmärtääkseen Jumalan ilmoituksen tästä aiheesta. Meidän täytyy ottaa selville, mitä Raamatussa opetetaan siitä tavasta, jolla Jumala kommunikoi kansansa kanssa ja – erityisesti – mitä Raamatussa paljastetaan siitä tavasta, jolla meidän tulisi tunnistaa Jumalan sanat ja ottaa ne käyttöön.

Oppimisen tueksi on myös olemassa oheismateriaalia, jonka löydät vastaavasta *Sword of the Spirit Student's Handbook* -käsikirjasta sekä nettisivulta www.swordofthespirit.co.uk (englanninkielisenä, suom. huom.). Käsikirjassa on täydentävää opetusta tämän kirjan jokaisesta luvusta sekä *keskustelunaiheita* ja *tietovisoja*. Kun rekisteröidyt nettisivulle, saat käyttöösi lisää tietovisoja ja kokeita. Nettisivulta löydät myös tämän kirjan tekstin, jossa on linkit kaikkiin tekstissä esiintyviin Raamatun jakeisiin, sekä ääni- ja videotiedostoja. Nämä lisämateriaalit auttavat sinua kertaamaan, painamaan mieleesi ja soveltamaan tässä kirjassa oppimiasi asioita.

Voit myös käyttää *Student's Handbook* -käsikirjaa pienryhmissä. Valitse rukoillen ne osiot, joiden uskot parhaiten soveltuvan omalle ryhmällesi. Joissakin tapaamisissa voitte siis käyttää kaikkea käsikirjan materiaalia ja toisissa vain osia siitä. Käytäthän maalaisjärkeäsi ja hengellistä näkökykyäsi. Voit myös vapaasti kopioida näitä sivuja ja jakaa niitä johtamillesi ryhmille.

Johdanto

Rukoukseni on, että päästyäsi tämän kirjan loppuun ymmärtäisit paremmin, miksi Jumala puhuu ja kuinka hän puhuu sekä niitä raamatullisia periaatteita, jotka liittyvät profeetallisten ilmoitusten käsittelyyn. Erityisesti rukoilen, että oppisit tuntemaan hänen pyhän äänensä, että sinulle kehittyisi kuuleva sydän ja että olisit valmis toimimaan hänen sanojensa pohjalta.

Colin Dye

Osa 1

Profeetallinen kuunteleminen

Jokaisessa tämän *Hengen miekka* -kirjasarjan osassa painotetaan sitä, kuinka tärkeää elävän Jumalan kuunteleminen on.

Esimerkiksi kirjoissa *Isän tunteminen*, *Pojan tunteminen* ja *Hengen tunteminen* selvitetään, että Jumala kutsuu meitä jatkuvasti syvempään, läheisempään ja henkilökohtaisempaan suhteeseen kanssaan – kasvoista-kasvoihin-kumppanuuteen, jolle on ominaista yhteinen usko ja vastavuoroinen rakkaus, sitoutuminen ja kommunikointi.

Hän kuuntelee meitä, ja me kuuntelemme häntä. Hän puhuu meille, ja me puhumme hänelle. Hän antaa itsensä meille, ja me annamme itsemme hänelle. Jos me emme kuuntele Jumalaa, saatamme kyllä oppia tuntemaan kolmiyhteisen Jumalan teoreettisella tasolla, mutta emme koskaan opi tuntemaan Isää, Poikaa ja Henkeä henkilökohtaisella ja suhteeseen perustuvalla tasolla.

Kirjassa *Elävä usko* tutkitaan sitä äärettömän tärkeää linkkiä, joka on Jumalan Sanan kuulemisen ja Jumalan uskon tulemisen välillä. Jumalan elävä usko istutetaan meihin, kun me kuuntelemme hänen Sanaansa ja otamme sen vastaan syvälle henkeemme. Kun kuuntelemme Jumalan Sanaa – kun uskomme sen, tunnustamme sen ja toimimme sen pohjalta – Jumalan elävä usko muuttuu meidän omaksi uskoksemme ja alkaa kehittyä kohti täysi-ikäisyyttä. Jos taas emme kuuntele Jumalaa, jos emme jatkuvasti ole valppaina kuuntelemaan hänen tahtoaan ja hänen Sanaansa, jos emme aina ole samalla aaltopituudella hänen Henkensä kanssa, emme myöskään kykene elämään sitä uskonelämää, johon meidät on kutsuttu.

Kirjassa *Toimiva rukous* opitaan, että toimiva rukous on kaksivaiheinen prosessi. Siihen kuuluu ensinnäkin Jumalan

Jumalan kuunteleminen

kuunteleminen, jotta saadaan käsitys siitä, mikä hänen tahtonsa on, ja sitten rukoileminen hänen ilmoitetun tahtonsa mukaisesti, niin että päästään näkemään hänen suunnitelmiensa toteutuminen. Rukous on siis pikemminkin sitä, että me itse mukaudumme Jumalan tahtoon ja suunnitelmiin kuin sitä, että me esittelemme omia käsityksiämme Jumalalle – ja tämän vuoksi meidän täytyykin pyrkiä aina ensin saamaan Jumalan ilmoitus ennen kuin alamme rukoilla.

Kirjassa *Palveleminen Hengessä* selvitetään, että tehokas kristillinen palveleminen on riippuvaista siitä, että uskovat kuuntelevat Jumalaa saadakseen henkilökohtaisia ohjeita ja henkilökohtaista ohjausta. Aina kun puhumme tai toimimme ilman, että ensin olisimme kuulleet hänen Sanansa, palvelemme ylimielisellä ja väärällä tavalla: kasvatamme silloin *omaa* palvelutyötämme pikemmin kuin *hänen* palvelutyötään ja palvelemme lihassa pikemmin kuin Hengessä.

Kirjassa *Jumalan hallintavalta* opitaan, että Jumalan valtakunnan tuleminen Kristuksessa ja Kristuksen myötä tarkoittaa, että aikakausi, jota hallitsi *lakiin perustuva kuuliaisuus* Vanhan testamentin käskyille ja säännöille – myös kymmenelle käskylle – on päättynyt. Jumalan valtakunnan alku on Isän henkilökohtaisen hallintavallan tuleminen Kristuksessa ja Kristuksen kautta. Isän lunastetut lapset on kutsuttu elämään *evankeliumin kuuliaisuuden* leimaamaa elämää – mikä on henkilökohtaista, Jumalan aikaansaamaa kuuliaisuutta Jumalan tietylle tahdolle kaikissa olosuhteissa ja tilanteissa.

Ennen Kristuksen tulemista oli mahdollista tuntea Jumalan lakiin perustuvat vaatimukset tuntemalla Mooseksen laki. Kristuksen myötä Jumalan henkilökohtainen ja tietty tahto on ainoastaan mahdollista tuntea kuuntelemalla tarkkaavaisesti Jumalaa Pyhässä Hengessä. Vain näin voidaan kuulla hänen tahtonsa ja Sanansa. Jos joku seurakunta tai yksilöuskova lyö nykyään laimin Jumalan kuuntelemisen, on lähestulkoon väistämätöntä, että tämä lipuu joko irstauteen tai lain alle.

Kuuntelemisprosessi

Yksi vihollisen tavallisimmista juonista on huijata uskovat ajattelemaan, että monet kristillisen elämän tärkeimmistä osa-alueista ovat erityisiä yksittäisiä tapahtumia pikemmin kuin jatkuvia prosesseja.

Se ihmeellinen totuus, että Kristuksen sovituskuolema oli kertakaikkinen tapahtuma, ei tarkoita, että uskomme jokainen puoli olisi samankaltainen "yhden kerran tapahtuva" tapahtuma. Kirjassa *Pelastus armosta* esimerkiksi todetaan, että kääntymys on prosessi, kirjassa *Elävä usko* keskitytään uskon prosessiin ja kirjoissa Hengen tunteminen ja *Palveleminen Hengessä* selvitetään, että hengellisten armolahjojen antaminen tapahtuu jatkuvasti ja lakkaamatta meidän varustamiseksemme.

Sama koskee myös Jumalan kuuntelemista. Paholainen pyrkii pettämään uskovat kertomalla monenlaisia valheita – joista monet perustuvat ajatukselle, että Jumalan kuunteleminen on satunnainen teko pikemmin kuin koko elämän ajan jatkuvaa toimintaa.

Paholainen esimerkiksi väittää, että jos Jumalalla on sanoma, hän kykenee sen myös varsin hyvin ilmoittamaan niin lujaa ja selvästi, että se murtautuu meidän tietoisuuteemme riippumatta siitä, mitä juuri samalla hetkellä olemme tekemässä. On demoninen oletus, ettei meidän tarvitse kuunnella Jumalaa, koska hän saa meidät aina kuulemaan itseään, kun hänellä on jotakin sanottavaa.

Paholainen myös yrittää saada meidät ajattelemaan, että Jumala on liian kiireinen, liian vastahakoinen tai liian pyhä puhumaan meille – ja että meidän täytyy anella Jumalaa puhumaan meille. Hän väittää, että jos me pyydämme Jumalalta tarpeeksi kauan, hän saattaa – vain silloin tällöin satunnaisesti – suostua puhumaan meille. Hän yrittää saada meidät päättelemään, että Jumala puhuu meille ainoastaan harvoin ja että sen vuoksi kuunteleminen on satunnainen tapahtuma pikemmin kuin lakkaamatonta toimintaa. Hänen pirullinen tarkoituksensa on estää meitä kuuntelemasta

Jumalan kuunteleminen

saamalla meidät, aivan tarpeettomasti, anomaan Jumalaa puhumaan.

Tässä kirjassa viitataan usein profeetalliseen kuuntelemiseen. Tämä ei tarkoita, että olisi olemassa erilaisia kuuntelemisen muotoja, joista "profeetallinen" kuunteleminen on vain yksi. Ilmaus "profeetallinen kuunteleminen" on pikemminkin vain yksinkertainen tapa painottaa, että Jumalan kuunteleminen on prosessi ja että se on myös osa laajempaa profeetallista prosessia.

Jumalan kuunteleminen on esimerkiksi:

◆ aktiivista, ei passiivista – me emme kuuntele Jumalaa samalla tavoin kuin kuuntelemme jotakin musiikkikappaletta – jotta tulisimme viihdytetyiksi; sen sijaan me kuuntelemme häntä kuten harjoitteleva pilotti kuuntelee opettajaansa – saadaksemme ohjausta.

◆ suhdekeskeistä, ei toiminallista – me emme kuuntele Jumalaa samalla tavoin kuin kuuntelemme hyödyllistä mutta anonyymiä puhelinpalvelun työntekijää; sen sijaan me kuuntelemme häntä kuten lapset kuuntelevat vanhempiaan.

◆ jatkuvaa, ei satunnaista – me emme kuuntele Jumalaa samalla tavoin kuin kuuntelemme radiota, miten ja milloin haluamme; sen sijaan me *kuuntelemme* Jumalaa, emme *kuulostele* Jumalaa.

◆ profeetalliseen juurtunutta – me kuuntelemme Jumalaa kuten menneiden aikojen profeetat, läheisessä, voidellussa ja palvelevassa suhteessa, valmiina toimimaan Jumalan sanojen pohjalta.

Profeetallinen kuunteleminen

Suomen kielen sanat "profeetta", "profetia", "profetoida" ja "profeetallinen" juontavat juurensa kreikan kielen sanoista *pro*, "esiin", ja *phemi*, "puhua". Ne tarkoittavat Jumalan ajatusten ja neuvojen "esiin puhumista".

Profeetallinen kuunteleminen

Ilmaus "profeetallinen kuunteleminen" ei ainoastaan viittaa kuuntelemiseen osana profeetallista prosessia, vaan se korostaa myös sitä tosiasiaa, että me kuuntelemme *Jumalan* ajatusten ja neuvojen esiin puhumista.

Profeetallinen kuunteleminen ei ole yleistä, fyysisesti tapahtuvaa, sellaisten äänten kuuntelemista, joita on mahdollista kuulla korvilla. Se on uskon kautta tapahtuvaa hengellistä keskittymistä Jumalan omiin ajatuksiin ja neuvoihin, hänen ilmoitettuun Sanaansa ja tahtoonsa. Vaikka tässä kirjassa pyritäänkin esittelemään joitakin käytännöllisiä ohjeita ja raamatullisia periaatteita koskien sitä tapaa, jolla me voimme kuunnella Jumalaa, kaiken keskiössä on koko ajan se, että Jumala puhuu – ja se tapa, jolla hän kommunikoi pyhän Sanansa ja tahtonsa.

Tämä tarkoittaa, ettei profeetallinen kuunteleminen ole hiljaisuuden kuuntelemista. Eikä se edes ole sitä, että odotamme hiljaisuudessa Jumalan puhetta. Sen sijaan se on aktiivista hengellistä Jumalan kuuntelemista – Jumalan, joka koko ajan kommunikoi.

Tässä *Hengen miekka* -kirjasarjassa painotetaan jatkuvasti Jumalan kansan profeetallista kutsua ja sitä, kuinka tärkeää on rakentaa uskonsa ja oppinsa Vanhan testamentin oikean ja tarkan ymmärtämisen varaan.

Tässä kirjasarjassa opitaan toistuvasti, että meidän tulisi turvautua täysin Hengen voiteluun ja elää aidossa kumppanuudessa Pyhän Hengen kanssa. Lisäksi todetaan usein, että Vanhan testamentin profeetat ovat olennaisessa osassa, kun halutaan ymmärtää uskoa ja palvelemista.

Tässä kirjassa Vanhan testamentin ja alkuseurakunnan profeettoja tarkastellaan vielä syvällisemmin – jotta voitaisiin oppia heiltä Jumalan kuuntelemisesta ja siitä, kuinka meidän "profeetallista" kuuntelemistamme tulisi soveltaa nykyajan seurakunnassa. Profeettoja tarkastellaan osissa 5 ja 6 ja meidän kuuntelemisemme profeetallista soveltamista osissa 7–9.

Jumalan kuunteleminen

Kuuntelemisprosessin arvostaminen

Osissa 2-9 tutkitaan profeetallisen kuuntelemisprosessin eri puolia. Niissä perehdytään Jumalaan, joka puhuu, niihin tapoihin, joilla hän puhuu, sekä siihen tarkoitukseen, jonka vuoksi hän puhuu. Lisäksi niissä tarkastellaan sitä, kuinka Vanhan testamentin profeetat kuuntelivat Jumalaa ja mitä he tekivät saamillaan ilmoituksilla, paneudutaan Jeesuksen profeetalliseen palvelutyöhön ja hänen kuuntelemiseensa esimerkkinä meille sekä tarkastellaan, mitä Raamattu opettaa niistä tavoista, joilla meidän tulisi kuunnella profeetallisesti nykyään ja joilla meidän tulisi suhtautua ilmoituksiin seurakunnassa.

Vaikka jokaisessa osassa keskitytäänkin "Jumala puhuu/ uskovat kuuntelevat" -prosessin eri puoliin, on olemassa joitakin yleisiä "kaikenkattavia" periaatteita, jotka on syytä muistaa tämän prosessin jokaisessa vaiheessa.

Ymmärrä, että elävä Jumala puhuu

Käsityksiämme profeetallisesta kuuntelemisesta alkaa muokata ja värittää erityinen ihmetys, kun alamme ymmärtää, mikä etuoikeus on, että saamme henkilökohtaisesti kuunnella Kaikkivaltiasta Jumalaa, taivaan ja maan Luojaa, ihmiskunnan mahtavaa ja armollista Lunastajaa.

Elävä Jumala, joka puhuu meille ajatuksiaan ja neuvojaan, on sama voimallinen Jumala, joka loi ihmiset kuvakseen ja joka osoitti suurta armoaan patriarkoille. Sama Jumala, joka jakoi Kaislameren, antoi lain ja suojeli kansaansa autiomaassa. Sama Jumala, joka kukisti Jerikon, Goljatin ja Sanheribin, joka lähetti tulen Karmelinvuorelle ja sulki leijonien kidat. Sama Jumala, joka tuli lihaksi, uhrasi Poikansa, nosti hänet kuolleista ja joka vuodatti Henkensä seurakunnan ylle.

Tämä on se mahtava Jumala, joka nykyään puhuu meille – henkilökohtaisesti, yksityisesti, erityisesti, rakastavasti, armollisesti ja jatkuvasti. Meidän täytyy kuitenkin olla tarkkoina siitä, ettei luottamuksemme hänen tahtoonsa ja haluunsa puhua käänny röyhkeydeksi, liialliseksi tuttavallisuudeksi ja

Profeetallinen kuunteleminen

omahyväisyydeksi. Yksi kaiken profeetallisen kuuntelemisen olennaisista perustuksista on syvä aidon ihmetyksen tunne sitä ajatusta kohtaan, että elävä, rakastava Jumala todella kommunikoi kanssamme. Meidän täytyy aina olla tietoisia hänestä, jota kuuntelemme.

Käsitä, että kuuntelemisemme palvelee Jumalaa

Koska juuri Jumala kutsuu meitä kuuntelemaan itseään, kuuntelemisemme ei ainoastaan rakenna, lohduta, varusta ja ohjaa meitä itseämme – se myös palvelee itse Jumalaa. Esimerkiksi Apostolien tekojen jakeessa 13:2 kerrotaan, että tilanne, jossa Antiokian profeetat ja opettajat kuuntelivat, mitä Pyhä Henki heille puhui, oli tilanne, jossa he "olivat palvelemassa Herraa".

On monia uskovia, jotka eivät ymmärrä, että heidän kuuntelemisensa palvelee Jumalaa. Näin voi olla siksi, että he keskittyvät liiaksi siihen, mitä he voivat itselleen saada kuuntelemisprosessin aikana. Meidän täytyy olla tarkkoina siitä, ettemme kuuntele itsekeskeisten syiden vuoksi.

Profeetallinen kuunteleminen on *suhdekeskeistä* pikemmin kuin toiminnallista, ja Jumala kutsuu meitä kuuntelemaan itseään, jotta suhteemme häneen voisi syventyä. Juuri tämän vuoksi profeetallinen kuuntelemisemme palvelee häntä yhtä lailla kuin meitä itseämmekin. Kun ymmärrämme tämän asian, sen tulisi toimia kannustimena kuuntelemisellemme.

Muista ilmoitusten ensisijainen tarkoitus

Osassa 3 opitaan, että Jumala puhuu pohjimmiltaan ilmoittaakseen itsensä meille. Hänen antamansa ilmoitus on aina ilmoitus hänestä itsestään. Hän puhuu meille *ensisijaisesti* siksi, että me voisimme tuntea hänet paremmin, ja vasta *toissijaisesti*, että me voisimme tietää, mitä tehdä tai sanoa jossakin tietyssä tilanteessa.

Kun alamme tutkiskella profeetallisiin ilmoituksiin suhtautumisen raamatullisia periaatteita ja kun yritämme keskittyä Jumalan puheeseen liittyviin yksityiskohtiin,

Jumalan kuunteleminen

emme saa unohtaa laajempaa ilmoituksiin liittyvää kokonaiskuvaa.

Aina kun tutkiskelemme mitä tahansa Jumalan esiin puhumisen ja meidän profeetallisen kuuntelemisemme puolta, meidän täytyy muistuttaa itseämme siitä, että puhumis-/kuuntelemisprosessin pääpaino on aina siinä, että me voisimme tuntea hänet läheisemmin ja paremmin.

Vastaa kuuliaisuudella
On hyödytöntä kuunnella Jumalaa, jos ei olla valmiita olemaan kuuliaisia hänelle ja valmiita toimimaan hänen Sanansa pohjalta.

Kirjassa *Elävä usko* havaitaan, että uskon prosessi sisältää Jumalan Sanan kuulemisen, uskomisen, tunnustamisen ja sen pohjalta toimimisen. Usko ei ole raamatullista uskoa, ennen kuin jokainen näistä uskon prosessin osista on löydettävissä siitä. Jumalan elävän uskon siemen ei pääse kehittymään täysi-ikäisyyteen meissä, jos emme ravitse sitä olemalla kuuliaisia hänen Sanalleen, tunnustamalla hänen Sanaansa ja toimimalla hänen Sanansa pohjalta.

Sama pätee myös kuuntelemisprosessiin. Jumalan kuunteleminen ei hyödytä meitä millään tavalla, jos emme samalla osoita uskoamme todeksi olemalla kuuliaisia hänen Sanalleen ja toimimalla sen pohjalta. Kun tässä kirjassa tarkastellaan "Jumalan kuuntelemista" osana laajempaa profeetallista prosessia, korostetaan sitä totuutta, että kaikkien saamiemme ilmoitusten pohjalta täytyy myös toimia: tähän perehdytään osissa 7–9.

Ymmärrä sitä prosessia, miten Jumala puhuu
Ilmaukseen "Jumalan kuunteleminen" liittyy ennakko-oletuksena, että Jumala puhuu. Koska Jumala kuitenkin on hengellinen olento, hän ei *tavallisesti* puhu kuuluvalla fyysisellä äänellä, jonka voisimme kirjaimellisesti kuulla korvillamme. Sen sijaan hän *yleensä* puhuu ei-fyysisellä tavalla, jonka kuulemme hengessämme uskon kautta.

Profeetallinen kuunteleminen

Tässä kirjassa keskitytään siihen tapaan, jolla Jumala kommunikoi, sillä jumalallisen ilmoitusprosessin ymmärtäminen raamatullisesti on hyvin olennaista, jotta voidaan välttää virheet, pettämiset ja manipulaatio.

Voimme alkaa tunnistaa Jumalan ääntä vain, jos tiedämme, miten hän puhuu. Jos emme tunne profeetallista prosessia, olemme haavoittuvaisia kaikenlaisille väärille väitteille ja epäjumalallisille äänille.

Kehitä kuuleva sydän

Edellä painotettiin, että Jumalan kuunteleminen on jatkuva prosessi – tämä voidaan ilmaista toisella tavalla sanomalla, että meidän tulisi kehittää "kuunteleva elämäntyyli" tai "kuuleva sydän" – sillä Jumalan kuunteleminen on perustavanlaatuinen asia jokaisen uskovan uskonelämässä.

Ensimmäisen Kuningastenkirjan jakeissa 3:4–14 kerrotaan, kuinka Jumala puhui Salomolle unessa ja lupasi antaa hänelle sen, mitä hän pyytäisi. Jakeessa 1. Kun. 3:9 ilmenee, että tuore kuningas pyysi "ymmärtäväistä sydäntä", niin että hän osaisi "erottaa hyvän pahasta".

Vaikka heprean kielen sana *bin* voidaankin kääntää sanalla "ymmärtäväinen" tai "tarkkanäköinen", se viittaa jatkuvaan Jumalan ymmärryksen vastaanottamiseen tai kuulemiseen pikemmin kuin kertakaikkiseen viisauden lahjaan. Salomo siis pyysi *kuulevaa sydäntä* pikemmin kuin tietokirjaviisautta tai ihmeellistä viisauden varastoa. Juuri tämän vuoksi Jumala piti Salomon pyynnöstä niin paljon.

Johanneksen evankeliumin jakeessa 14:13 Jeesus puhuu meille pitkälti samalla tavalla kuin Jumala puhui Salomolle ja lupaa meille kaiken, mitä pyydämme hänen nimessään. Pyyntö saada "kuuleva sydän" on varmastikin kaikkein eniten Jeesuksen Joh. 14–16 -sanojen mukainen kuin mikään muu pyyntö.

Kun seuraavaksi siirrymme tutkimaan Jumalan esiin puhumisen ja meidän profeetallisen kuuntelemisemme raamatullisen opetuksen eri puolia, teemme hyvin, jos

Jumalan kuunteleminen

pyydämme Jumalaa antamaan meille kuulevan sydämen – ja sen jälkeen meidän tulisi tehdä kaikkemme, että tämä pyhä asenne pääsisi kehittymään elämässämme.

Osa 2

Kommunikoiva Jumala

Tulisi olla itsestään selvää, että niiden ihmisten, jotka haluavat kuunnella Jumalaa, täytyy tietää, kuka hän on, millainen hän on ja kuinka hän kommunikoi nykypäivänä. Jos emme tunne häntä, emme osaa myöskään kuunnella häntä. Jotkut ihmiset esimerkiksi ajattelevat, että Jumala on aineellinen esine kuten epäjumalat – joten he lähestyvät tuota esinettä yrittäessään kuunnella häntä.

Toiset taas ajattelevat, että Jumala liittyy luonnossa löytyviin asioihin, kuten aurinkoon ja kuuhun, puihin ja kiviin tai jokiin ja virtoihin – joten he menevät lähelle näitä asioita yrittäessään kuulla hänen ääntään. Lisäksi monet ihmiset ajattelevat, että Jumala on vain persoonaton, näkymätön voima, joka ainoastaan pitää maailmankaikkeuden jollakin lailla koossa – joten he eivät edes viitsi nähdä vaivaa kuullakseen hänen puhettaan.

Kuten Psalmin 115 jakeissa 2–7 vähättelevästi ilmaistaan, tällaisten pakanajumalien "kurkusta ei kuulu mitään ääntä". Raamatun elävä Jumala sen sijaan kommunikoi selvästi maailman kanssa, jonka hän on tehnyt jumalallisella "ilmoituksella".

Ensimmäisen Mooseksen kirjan jakeesta 1:3 Ilmestyskirjan jakeeseen 22:17 Raamatussa kerrotaan lähes jokaisella sivulla, että Jumala on puhuva Jumala. Ilmaus "sanoo Herra" on itse asiassa Raamatun yleisin ilmaus.

Kirjassa *Isän tunteminen* havaitaan, että Raamatussa ei missään kohdin pyritä todistamaan, että Jumala on olemassa – hänen olemassaoloonsa suhtaudutaan siinä ainoastaan tosiseikkana, joka on itsestään selvä todellisuus. Jopa sellaisessa Vanhan testamentin kirjassa kuin Esterin kirjassa,

Jumalan kuunteleminen

jossa ei lainkaan mainita Jumalaa, hänen olemassaolonsa on selvänä taustaolettamuksena.

Raamattu ei siis määrittelee Jumalaa vaan esittelee hänet. Raamatun ilmoitus on *henkilökohtaista* pikemmin kuin *teoreettista* – Raamattu ilmoittaa Jumalan niiden suhteiden asiayhteydessä, joita hänellä oli tavallisten ihmisten kanssa. Raamattu käyttää uusia tilanteita, tuoreita kokemuksia ja haastavia tapahtumia esittääkseen kysymyksiä Jumalan luonteesta – ja paljastaakseen niitä monia tapoja, joilla hän kommunikoi.

Esimerkiksi Mooseksen laulu tehtiin välittömästi sen jälkeen, kun israelilaiset olivat ihmeellisesti päässeet pakenemaan Egyptistä. Jakeen 2. Moos. 15:11 retorinen kysymys antaa ymmärtää, että Jumalan kansa oli juuri tullut vakuuttuneeksi siitä, että Jumala oli kaikkivoipa ja että hän ansaitsi heidän kaiken kuuliaisuutensa ja uskollisuutensa. Israelilaiset eivät pysähtyneet kyselemään itseltään, oliko muita "jumalia" todella olemassa – heille riitti ymmärtää, että *Jahve* oli paljastanut todellisuutensa ja voimansa heidän vapauttamisessaan.

Ihmeellisen Kaislameren ylityksen jälkeen Vanhassa testamentissa kerrotaan pääpiirteittäin, kuinka Jumala toimi suhteessa kansaansa seuraavien noin 800 vuoden aikana. Israelin tappiot ja alamäki eivät saaneet ihmisiä lopulta päättelemään, että *Jahve* olisi heikko tai ei välittäisi. Ne eivät edes saaneet heitä ajattelemaan, että hän olisi ainoastaan yksi Jumala monien eri kansallisten jumalien joukossa. Jumalan toiminta suhteessa kansaansa sen sijaan huipentui Jesajan kirjan jakeen 44:6 valtavaan ilmoitukseen.

Vanhassa testamentissa on erityisesti kolme ajatusta, joissa israelilaisten käsitys Jumalasta erosi siitä käsityksestä, joka muilla heidän aikansa kansoilla oli jumalistaan. Nämä seikat ovat ehdottoman olennainen osa raamatullista ilmoitusta, ja ne ovat tärkeitä yhä nykyäänkin.

Kommunikoiva Jumala

Jumalaa ei voida nähdä
Kaikki Israelia ympäröivät kansat esittivät jumalansa epäjumalankuvina – yleensä jonkin eläimen muodossa. Esimerkiksi kanaanilaisten jumala *Baal* kuvattiin yleensä nuorena härkänä. Läpi koko Vanhan testamentin israelilaiset kokivat jatkuvasti suurta painostusta tehdä Jahvesta jonkin silmin nähtävissä olevan epäjumalan.

Kohdissa 2. Moos. 32:1–35 ja 5. Moos. 9:7–21 kerrotaankin, että samaan aikaan kun Mooses oli Siinainvuorella kuuntelemassa Jumalaa ja saamassa lain, kansa sulatti korunsa ja muovasi niistä sonnin, jota voisivat palvoa. Kansa ajatteli, että olisi helpompi puhua jumalalle, joka voitiin nähdä.

Silmin nähtävissä oleviin jumaliin suhtautumisesta tuli vielä suurempi ongelma, kun kansa jakautui Israeliksi ja Juudaksi. Kohdassa 1. Kun. 12:28–33 kerrotaan, kuinka Israelin kuningas Jerobeam pystytti kultaiset sonnipatsaat Beteliin ja Daniin saadakseen kanaanilaisten alamaistensa tuen. Jerobeam oikeutti tekonsa sanomalla, että epäjumalankuvat olivat kuin Jerusalemissa oleva liitonarkku – joka oli silmin nähtävissä oleva osoitus Jumalasta, jota ei voitu nähdä. Jakeet 1. Kun. 14:7–16 ovat Jumalan synkät viimeiset sanat kuningas Jerobeamista.

Se totuus, että Jumalaa ei voida nähdä, leimaa vahvasti koko Vanhaa testamenttia. Kohdat 2. Moos. 20:4–5, 5. Moos. 5:8–9 ja Jes. 44:9–20 osoittavat, kuinka täydellisen väärin oli luoda minkäänlaisia patsaita tai epäjumalankuvia palvottavaksi.

Tällä on selkeitä seurauksia myös meidän nykypäivän "kuuntelemisellemme". *Jahve* ei yksinkertaisesti koskaan kommunikoi meidän kanssamme minkään elottoman, ihmisten tekemän esineen kautta, emmekä me siis saa ajatella, että jotkin uskonnolliset helyt tai patsaat voisivat auttaa meitä kuulemaan häntä tarkemmin tai että ne voisivat tuoda meitä lähemmäs häntä. Jumala vastustaa yhä edelleenkin tiukasti *kaikenlaisia* epäjumalankuvia.

Jumalan kuunteleminen

Jumala ei ole luonnollinen voima

Monet Israelia ympäröivät kansat selittivät vuodenaikojen ja säiden vaihteluja jumalilla. He esimerkiksi ajattelivat, että ukkosta ja salamointia voitiin pitää yhtenä jumalana ja Niilin vuosittaista tulvimista toisena. Monet kansat liittivät jumalansa sadekausiin, jotka kastelivat heidän satonsa.

Jahve, Israelin elävä Jumala, on kuitenkin luonnon yläpuolella, hän ei ole osa luontoa. Hän on kaikkien asioiden Luoja ja Ylläpitäjä, eikä häntä henkilökohtaisesti voida samaistaa minkään hänen luomakuntansa osa-alueen kanssa.

Vaikka Jumalaa Vanhassa testamentissa toisinaan runollisesti kuvataankin eri luonnonvoimina – kuten valona tai tulena –, Jumalaa itseään ei voida pitää minään luonnollisen maailman ominaisuutena. Tämä havaitaan esimerkiksi kohdissa 2. Moos. 19:18; 5. Moos. 4:32–36; 1. Kun. 19:11–13; Ps. 104:1–7 ja Hes. 1:24–28.

Myös tällä on ilmeistä merkitystä sille, miten me nykyään vastaanotamme profeetallisia ilmoituksia Jumalalta. Jotkut ihmiset luulevat olevansa lähempänä Jumalaa kirkossa, ihmisten rakentamassa rakennuksessa. Toiset taas ajattelevat pääsevänsä lähelle häntä metsässä tai pellolla. Kumpikaan näistä ajatuksista ei ole tosi. Ne molemmat juontavat juurensa pakanallisista jumalakäsityksistä, joita israelilaisten täytyi vastustaa ja joita seurakunnan yhä nykyäänkin täytyy haastaa.

On tietenkin selvää, että kuulemme Jumalan puhetta usein silloin, kun olemme ihmisten tekemissä rakennuksissa tai kun olemme jossakin ulkona. Emme kuitenkaan kuule Jumalaa siksi, *koska* olemme tällaisissa paikoissa.

Jumala ei ole abstrakti

Koska *Jahve* on paljon enemmän kuin inhimillisesti voidaan kuvata ja paljon suurempi kuin kaikki inhimillinen älykkyys, Raamattu ei koskaan pyri määrittämään häntä inhimillisillä sanoilla. Mikään fyysinen tai filosofinen kaava ei koskaan voi olla avain Jumalan ymmärtämiseen, hänen olemuksensa

Kommunikoiva Jumala

syvyyksiin kiinni pääsemiseen tai hänen ajatustensa ja neuvojensa kuuntelemiseen.

Vanha testamentti ei pyri analysoimaan Jumalaa tai edes pohdiskelemaan, mistä hänet on tehty. Tällainen abstrakti lähestymistapa oli vierasta israelilaisten jumalakäsitykselle. Toisin kuin muut ympärillä olevat kansat, Israelin kansa ei ajatellut *Jahvea* metafyysisellä tavalla, vaan se pikemminkin keskittyi siihen, mitä merkitystä hänellä oli ihmisten inhimillisten elämien ja kokemusten kannalta.

Ihmisiä voidaan määrittää kuvailemalla heidän ulkonäköään – kertomalla heidän ikänsä, ihonvärinsä, pituutensa, painonsa ja niin edelleen. Näin voidaan kyllä saada tarkka mielikuva jostakin henkilöstä, mutta mitään oikeasti olennaista se ei paljasta. On paljon hyödyllisempää kuvata jotakin henkilöä kertomalla, kuinka hän toimii tietyissä olosuhteissa, esittelemällä hänen kykyjään ja luonteenpiirteitään, kertomalla tapahtumasta, joka havainnollistaa hänen luonnettaan, tai tuomalla tietoon, mitä hän puhuu. Juuri näin Israelin kansa kuvaa Jumalaa Vanhassa testamentissa.

Millainen Jumala on?

Koko Raamattu on *Jumalan* yritys esitellä *itsensä* meille. Kaikki 39 Vanhan testamentin ja 27 Uuden testamentin kirjaa kertovat niistä eri tavoista, joilla hän on ilmoittanut itsensä kansalleen.

Ensimmäisen Mooseksen kirjan ensimmäiset luvut kuvaavat Jumalan ilmoitusta luomisen kautta. Siitä eteenpäin Nehemian kirjaan asti Raamattu sisältää joukon pitkiä ja monimutkaisia historiallisia selontekoja, jotka kattavat Jumalan toiminnan suhteessa Israelin kansaan lähes 2 000 vuoden ajalta – Abrahamin ajoista keskipronssikaudella Assyrian, Babylonian ja Persian valtakuntien läpi aina pariin vuosisataan ennen Kristusta.

Näiden *luomisen* ja *historian* kautta annettujen ilmoitusten lisäksi Vanhassa testamentissa on myös kirjoja, jotka osoittavat, kuinka Jumala suhtautuu tavallisempiin, jokapäiväisen elämän olosuhteisiin – sekä *yhteiskunnassa*

Jumalan kuunteleminen

yleisesti että yksittäisten ihmisten *henkilökohtaisissa elämissä*. Esimerkkejä tästä havaitaan esimerkiksi Ruutin, Esterin, Jobin, Joonan, Sananlaskujen ja Psalmien kirjoissa sekä kaikissa profeetallisissa kirjoissa Jesajasta Malakiaan.

Vanhassa testamentissa on käytetty lukuisia eri kirjallisuustyylejä, ja näin on voitu esittää useita eri näkökulmia siihen, kuinka Jumala kommunikoi kansansa kanssa. On kuitenkin olemassa kolme jumalallista pääteemaa, jotka ovat hallitsevina Vanhassa testamentissa, ja nämä kuuluvat olennaisena osana siihen, millainen Israelin suhde *Jahven* kanssa oli.

Jos haluamme kuunnella Jumalaa, meidän täytyy ymmärtää nämä teemat, sillä meidän täytyy tietää, millainen *Jahve* on, jotta voisimme ymmärtää, miten hän meille puhuu.

Jumala on aktiivinen
Vanha testamentti julistaa, että Jumala tulee vastaan Israelin kansallisen elämän kaikissa vaiheissa. Historialla ylipäätään on itse asiassa merkitystä vain, koska Jumala on aktiivinen. Elämä ei ole merkityksetön jakso umpimähkäisiä tapahtumia. Sillä on tarkoitus ja suunnitelma, joka perustuu Jumalan luonteelle, ja Jumala kommunikoi historiallisten tapahtumien kautta.

Nooan ajoista aina Nehemian aikoihin Vanha testamentti paljastaa, että *Jahve* hallitsee historiaa ja että hän kommunikoi tahtonsa sen kautta.

Kaikki mikä tapahtuu – olipa se hyvää tai huonoa – on osa Jumalan suunnitelmaa kansaansa varten. Tämä on se perusnäkemys, joka muovaa sitä tapaa, jolla Vanhassa testamentissa ymmärretään ja tulkitaan tapahtumia.

Voidaan ajatella, että *Jumalan aktiivisuus* ilmenee neljässä Vanhan testamentin perususkomuksessa.

Jumala aktiivisesti valitsee kansansa
Yhdestä näkökulmasta tarkasteltuna Abrahamin muutto Mesopotamiasta oli vain yksi tyypillinen muutto sen ajan lukuisten muuttojen joukossa. Raamatullisesta näkökulmasta

Kommunikoiva Jumala

tarkasteltuna Abrahamin matka oli kuitenkin osa Jumalan suunnitelmaa.

Jumalan lupaus jakeessa 1. Moos. 12:3 oli liikkeelle paneva voima Abrahamin elämässä. Tämä osoittaa, että *Jahve* halusi käyttää Abrahamia jakaakseen jumalallisen rakkautensa *koko* maailman kanssa. Tämä uskomus hallitsee kertomusta Israelin kehittymisestä, ja se on raamatullisen uskon ydintä.

Jotkut ihmiset pyrkivät selittämään Israelin lähtöä Egyptistä viittaamalla tuon alueen maantieteellisiin ja väestötieteellisiin seikkoihin. Raamatullisesta näkökulmasta katsottuna Egyptistä lähtö on kuitenkin yksinkertaisesti ilmoitus Jumalasta itsestään. Ilman hänen aktiivista asioihin puuttumistaan se ei olisi voinut tapahtua.

Läpi koko Raamatun voidaan lukea, että Israelin kansa toistuvasti muisteli Egyptistä lähtöä muistuttaakseen itseään Jumalan luonteesta. Se vahvisti heille, että Jahve oli aktiivinen historiassa, ja paljasti korvaamattomia näkökulmia siihen, millaista hänen aktiivisuutensa ja toimintansa on.

Jumala aktiivisesti rakastaa kansaansa

Toisen Mooseksen kirjan kertomukset eivät ainoastaan painota sitä, että Jumala aktiivisesti valitsee kansansa, vaan myös hänen aktiivista rakkauttaan heitä kohtaan. Orjat olivat heikkoja, heidän johtajansa olivat kokemattomia ja egyptiläiset olivat voimakkaita: jos israelilaiset olisivat turvautuneet inhimillisiin keinoihin, Egyptistä lähtö olisi epäonnistunut.

Viidennen Mooseksen kirjan jakeiden 26:7-8 kaltaiset kohdat osoittavat, että myöhemmät juutalaiset sukupolvet pitivät kuuntelevaa, rakastavaa Jumalaa ainoana mahdollisena selityksenä Egyptistä lähdön onnistumiselle. Heille Egyptistä lähtö ei ollut vain selkeä osoitus Jumalan voimasta, se oli myös kokemus, josta välittyi - joka paljasti - hänen rakkautensa.

Egyptistä lähtö keskittyi ihmisiin, jotka eivät mitenkään enää voineet auttaa itseään, ja tämän tosiseikan avulla Raamattu muistuttaakin meitä jatkuvasti siitä, että Jumala on aivan erityisellä tavalla kiinnostunut pitämään huolta niistä, jotka

Jumalan kuunteleminen

kärsivät epäoikeudenmukaisesta alistamisesta. Jumala antaa meille rakkauttaan, jotta me voisimme jakaa sitä tarvitseville ja kärsiville: hän ei anna sitä ainoastaan henkilökohtaiseksi siunaukseksi meille itsellemme.

Kun tiedämme, millainen Jumala oikeasti on, alamme myös ymmärtää hänen sanojensa taustalta löytyviä ikuisia, jumalallisia periaatteita. Meidän ei esimerkiksi tarvitse kuulla korvin kuultavaa ääntä, joka neuvoo meitä pitämään huolta alistetuista, sillä Raamattu paljastaa, että alistetuista huolehtiminen on Jumalan sydämellä kaikkina aikoina. Voitaisiinkin sanoa, että tämä periaate on osa Jumalan *yleistä tahtoa*. Meidän täytyy kuitenkin kuunnella hänen ohjeistustaan siitä, *miten* meidän tulisi osoittaa hänen huolenpitoaan missäkin tilanteessa – mikä hänen *erityinen tahtonsa* on.

Kuten osissa 3 ja 4 opitaan, Jumalan jumalalliset periaatteet pohjautuvat tiukasti Raamattuun, mutta hän soveltaa niitä – Hengen kautta – erityisillä, rakastavilla tavoilla, jotka saattavat vaihdella eri tilanteissa.

Jumalan aktiivisuus on äärettömän voimallista

Jumalallinen voima on vahvasti läsnä kaikissa Jumalan tekemisissä ja puheissa Raamatussa. *Jahve* ei toimi voimallisesti ainoastaan pelastaakseen kansansa orjuudesta, hän myös hallitsee kaikkia kansojen voimia ja kaikkia luonnonvoimia.

Jumala puhui Moosekselle palavasta pensaasta. Hän kirosi Egyptin vitsauksilla. Hän jakoi jokia ja meriä. Hän antoi ruokaa ja vettä autiomaassa. Ja hän käytti ympäröiviä pakanakansoja suunnitelmiensa toteuttamiseen – joskus tuomion ja toiste siunausten, mutta aina sellaisten suunnitelmien, joiden tarkoituksena oli paljastaa hänen rakastava tarkoituksensa valitulle kansalleen.

Kun kuuntelemme Jumalaa, meidän täytyy aina muistaa, että puhuja on juurikin rakastava ja kaikkivoipa Jumala. Tietoisuuden tästä tulisi myös vaikuttaa kaipaukseemme kuunnella Jumalaa, sinnikkyyteemme ja kärsivällisyyteemme

Kommunikoiva Jumala

häntä kuunnellessa ja luottamukseemme hänen sanojensa toimivuuteen.

Jumalan aktiivisuus on aina täydellisen oikeudenmukaista

Myös laki on yksi Vanhan testamentin merkeistä siitä, että Jumala on aktiivinen. Se osoittaa, että Jumalan puhe on aina linjassa hänen omien oikeudenmukaisuuden normiensa kanssa eikä koskaan mielivaltaista tai ennalta arvaamatonta. Moraalisuus ja oikeudenmukaisuus ovat aina keskeisessä osassa siinä, kuinka Jumala toimii suhteessa kansaansa.

Kohdissa 2. Moos. 3:2–22 ja Jes. 6:1–5 kerrotaan jumalallisista näyistä, jotka Mooses ja Jesaja saivat autiomaassa ja temppelissä. Näissä jakeissa nähdään, ettei heihin ensisijaisesti tehnyt vaikutusta heidän kokemustensa yliluonnollinen puoli. He sen sijaan vastasivat Jumalan ilmoitukseen tunnustamalla oman henkilökohtaisen riittämättömyytensä hänen moraalisen täydellisyytensä edessä.

Tästä voidaan päätellä, että meidänkin täytyy vastata Jumalan oikeudenmukaisuuden vaatimuksiin, kun hän puhuu meille – tapahtuipa se sitten temppelissä tai historian, luonnon tai jokapäiväisten kokemustemme kautta. Kun kuuntelemme Jumalaa, meidän täytyy odottaa hänen käsittelevän syntimme ja vajavaisuutemme aina, kun hän antaa meille ohjeitaan.

Jumalan aktiivisuus

Jumalan aktiivinen *valitseminen, rakastaminen, voima* ja *oikeudenmukaisuus* ovat hallitsevassa osassa koko Vanhassa testamentissa. Sukupolvien vaihtuessa Israelista ja Juudasta tuli kuitenkin näennäisesti niin merkityksettömiä maita, etteivät niiden ympärillä olevat suuren valtakunnat enää vaivanneet päätään niillä. Tavallisille juutalaisille tämä vaikutti varmasti siltä kuin nämä vieraat voimat olisivat hallinnassa, ei Jumala.

Monet nykyuskovat kamppailevat Jumalan lupausten kanssa, koska he joutuvat kohtaamaan huomattavaa sosiaalista painostusta ja suuria henkilökohtaisia ongelmia. Tämä ei kui-

Jumalan kuunteleminen

tenkaan ole uusi ongelma, sillä myös Israelin kansa kamppaili täysin vastaavalla tavalla.

Kuinka käytännönläheisiä Jumalan Abrahamille lausumat sanat olivat niille ihmisille, jotka elivät suurten valtakuntien varjoissa? Kuinka olennaisia Egyptistä lähdön yhteydessä tapahtuneet Jumalan teot olivat juutalaisille orjille Babyloniassa? Jos Jumala oli valinnut Israelin, miksi se ei voittanut kaikkia taistelujaan? Jos Jumala hallitsi, miten oli mahdollista, että muut kansat olivat niskan päällä?

Vanhan testamentin profeetat antoivat selkeän vastauksen tällaisiin kysymyksiin – vastauksen, joka on äärimmäisen olennainen myös meidän kamppailuissamme kuunnella Jumalaa ja ymmärtää hänen tahtoaan. Profeetat opettivat, että Jumalan ilmoitukseen itsestään ja hänen rakkauteensa liittyi aina suuria vastuita. Israelin kansa menestyisi, kun se olisi uskollinen. Mutta sen täytyi palata Jumalan luo saamaan anteeksiantoa aina, kun se oli ollut uskoton.

Israelin kansa kuvitteli, että Jumalan ilmoitukset *heille* olivat merkki siitä, että he olivat hänen suosikkejaan. Profeetat kuitenkin tiesivät, että *Jahven* suunnitelma oli pelastaa *kaikki* kansat ja siunata *kaikkia* kansoja, kuten Jumala oli luvannut Abrahamille kohdassa 1. Moos. 12:3. Vaikka Israel olikin saanut erityisen mielisuosion ja saanut kokea suuri voimatekoja, Jumalan rakkaus ja voima toimivat ainoastaan Jumalan oikeudenmukaisuuden asiayhteydessä.

Tämä ei ole toisin meidänkään kohdallamme. Etuoikeudet, jotka meille Jumalan poikina ja tyttärinä kuuluvat, kasvattavat myös vastuutamme osoittaa Jumalan oikeudenmukaisuutta. Ja pelastuskokemuksemme *suurentaa moninkertaiseksi* tehtävämme todistaa kaikille maailman suvuille Jumalan pelastavasta rakkaudesta ja voimasta.

Profeettojen Jumalan tahdon tuntemus – jonka he olivat saaneet profeetallisen kuuntelemisen kautta – saattoi heidät usein ristiriitatilanteisiin Israelin hallitsijoiden kanssa. Joskus vaikutti myös siltä, että heidän antamansa neuvot olivat ristiriidassa keskenään. Esimerkiksi Jesajan kirjan jakeissa 31:4–5

Kommunikoiva Jumala

profeetta neuvoi kuningasta, että Jumala suojelisi maata Assyrian hyökkäykseltä, kun taas muutama sukupolvi myöhemmin Jeremia julisti juuri päinvastaista jakeissa Jer. 7:1–15. V a i k k a nämä profeetalliset julistukset olivatkin erilaisia, niiden taustalla vaikuttava profeetallinen periaate oli sama. Kaikki kansat, jotka asettuisivat vastustamaan Jumalaa – olipa kyse Assyriasta tai Juudasta –, tulisivat tuomituiksi. Babylonian pakkosiirtolaisuus ja Jerusalemin tuho olivat siis yhtä lailla viesti Jumalalta kuin myös lähtö Egyptistä oli ollut. Tämä havaitaan selkeästi Jeremian kirjan jakeissa 24:1–10.

Juutalaisten oli vaikeaa ymmärtää tätä. He ajattelivat, että Jumala oli heidän puolellaan. Koko Raamattu kuitenkin selittää sitä, miksi – toisinaan – vaikuttaa siltä kuin Jumala hylkäisi kansansa. Ikuinen jumalallinen periaate on ensimmäisestä Mooseksen kirjasta Malakian kirjaan ja Matteuksen evankeliumista Ilmestyskirjaan asti selvä: tottelemattomuus johtaa tuomioon, mutta tämä on aina kiedottu armoon ja anteeksiantoon. Näin on myös nykyään.

Profeetalliset raamatunkohdat, kuten Ps. 47 ja Aam. 1:3–2:5, muistuttivat juutalaisia siitä, että – riippumatta siitä, miltä asiat näyttivät – Jumala hallitsi aina kaikkia kansoja, ei ainoastaan Israelia. Lisäksi kohdat Jes. 44:1–20, 45:1–4, 47:1–15 ja 49:6 julistavat, että *Jahve* on *koko* maailman Jumala.

Juutalaisten pakkosiirtolaisuus ei siis välittänyt viestiä Jumalan tappiosta – se paljasti hänen oikeudenmukaisuutensa. Jumalan voima ei vähentynyt eikä hänen rakkautensa kulunut loppuun, vaan hän lupasi nostaa persialaisen vapauttajan kansalleen – ja täyttää Abrahamille antamansa lupauksen Palvelijansa kautta, joka olisi kansojen valo.

Tämä lyhyt johdanto Jumalan aktiivisuuteen osoittaa, ettei "Jumalan kuunteleminen" ole jotenkin jokapäiväisestä elämästä erillinen hengellinen harjoite. Läpi historian Jumalan kansa on saanut kohdata aktiivisen, puhuvan, itsestään ilmoituksia antavan Jumalan juuri käytännönläheisissä tilanteissa – sekä yhtä mahtavissa kuin Egyptistä lähtö että yhtä hirvittävissä kuin pakkosiirtolaisuus.

Jumalan kuunteleminen

Olivatpa henkilökohtaiset olosuhteemme iloisia, kauheita tai vain tylsiä, Jumala on aina kanssamme. Hän puhuu meille. Hän paljastaa rakkauttaan meille. Hän kertoo meille suunnitelmistaan. Hän hengittää elämää antavia, toivoa tuovia sanoja meille.

Jumala on henkilökohtainen

Vanha testamentti ei ainoastaan painota, että Jumala on *aktiivinen*, se painottaa myös, että hän on täysin *henkilökohtainen*. Jumalan henkilökohtaista luontoa käsitellään tarkemmin kirjassa *Isän tunteminen*. Vaikka Jahve kommunikoikin suurten historiallisten tapahtumien kautta, hän ei suhtaudu ihmisiin persoonattomalla, mekaanisella tavalla. Hän on syvästi kiinnostunut maailmasta ja ihmiskunnasta, eikä hän koskaan ole kaukana ihmisistä ja heidän tarpeistaan.

Kaikki Vanhan testamentin suuret tapahtumat painottavat, ettei Jumala ole oikukas tai ennalta arvaamaton. Hän toimii aina oman luontonsa mukaisesti. Hän ei muuta tapahtumia voidakseen toteuttaa omia etujaan, vaan hän toimii aina armossa, jotta voisi osoittaa suurta rakkauttaan. Hän ei pakota omaa tahtoaan saavuttaakseen omia tarkoitusperiään, vaan hän toimii, koska hän välittää ihmisistä ja heidän hyvinvoinnistaan.

Vaikka Vanhassa testamentissa keskitytäänkin siihen, miten Jumala kommunikoi henkilökohtaisesti oman kansansa, Israelin, kanssa, ja osoitetaan, kuinka hän puhuu heille kansana – joukkona ihmisiä – on väärin kuvitella, että Jumala käsittelisi ihmisiä ainoastaan suurina joukkoina.

Raamatullinen ilmoitus Jumalasta rakentuu Jumalan henkilökohtaiselle huolelle Abrahamista ja Saarasta, kun he asuivat vihamielisessä maassa. Myöhemmin Raamattu osoittaa, että Jumala välitti syvästi myös Hagarista ja Ismaelista – egyptiläisestä orjasta ja tämän lapsesta – kun heidät karkotettiin Abrahamin kodista. Seuraavaksi Jumala suojeli Joosefia ja pelasti tämän perheeltään ja egyptiläisiltä. Myöhemmin voidaan lukea Jumalan suuresta henkilökohtaisesta välittämisestä yk-

Kommunikoiva Jumala

sittäisistä pakanoista, kuten Rahabista, Ruutista, Noomista ja Niniven asukkaista.

Tämän lisäksi monet Psalmien kirjan rukouksista ja lauluista paljastavat, kuinka ylistäjät Israelissa tiesivät, että Jumala oli henkilökohtaisesti kiinnostunut heidän tavallisen elämänsä yksityiskohdista. Tämä havaitaan esimerkiksi Psalmeissa 13, 17, 23, 35, 51, 69, 86 ja 139. Lisäksi useimmat profeetoistakin painottivat sitä, kuinka tärkeää jokaisen oli yksilöllisesti sitoutua henkilökohtaiseen Jumalaan.

Henkilökohtaisia kuvia

Vanhassa testamentissa esiintyvä Jumalan henkilökohtaisen luonnon painotus on erityisen selvästi havaittavissa niissä nimissä, arvonimissä ja kuvissa, joilla Jumalaa kuvataan ja kutsutaan. Näitä tarkastellaan yksityiskohtaisesti kirjassa *Isän tunteminen*.

Hoosean kirjassa käytetään mielikuvaa särkyneistä henkilökohtaista suhteista osoittamaan, kuinka Jumala samaistuu henkilökohtaisesti – ja kuvaamaan sitä kipua, jota hän joutuu kestämään voidakseen kommunikoida tällaisella tavalla. Jakeiden 2. Moos. 4:22; Jes. 1:2, 49:15, 66:13; Jer. 31:32; Hes. 16:3–8; Hoos. 2:14–23 ja 11:4 kaltaiset kohdat taas havainnollistavat sitä henkilökohtaista tapaa, jolla Jumala samaistuu kansaansa.

Vaikka Jumalaa Vanhassa testamentissa kuvataankin perhesuhteisiin liittyvillä sanoilla, hänet esitetään sitäkin useammin kansansa hallitsijana: hän on kuningas, herra, paimen, isäntä, johtaja taistelussa. On kuitenkin myös selvää, että jokainen kuva Jumalasta on vain yritys kuvata jumalallista persoonaa, joka on inhimillisen kuvailun yläpuolella. Jokainen Jumalasta käytetty nimi tai kuva tuo esiin yhden puolen hänen luonteestaan, mutta jokainen nimi täytyy ymmärtää kaikkien hänen nimiensä yhteisessä asiayhteydessä.

Jos keskitymme ainoastaan niihin Vanhan testamentin kohtiin, joissa Jumalaan viitataan aviomiehenä tai isänä, meiltä jää kokematta se ihailu ja ihmetys, jota Vanha testamentti on

Jumalan kuunteleminen

täynnä. Jos taas keskitymme Jumalaan ainoastaan herrana tai kuninkaana, saatamme päätyä pitämään häntä ankarana yksinhallitsijana.

Jumala on hyvin erilainen kuin me ihmiset, mutta Vanha testamentti julistaa, että Jumalan rakastavat pelastuksen ja siunauksen teot toimivat yhdistävänä siltana Jumalan täydellisyyden ja ihmisten epätäydellisyyden välillä. Näillä teoilla on merkitystä juuri siksi, koska Jumala ei ole voima tai jokin abstrakti tahto – hän on persoona, ja koska hän on persoona, hän puhuu, ja me voimme kuunnella.

Jumala on piilossa

Vanhassa testamentissa on hallitsevana ajatuksena varmuus siitä, että Jumalan luonto näkyy siinä, kuinka hän toimii suhteessa kansaansa. Läpi Raamatun on nähtävissä, kuinka miehet ja naiset kohtasivat Jumalaa jokapäiväisen elämänsä tavanomaisissa tapahtumissa. On selvää, että Jumala on henkilökohtaisesti tekemisissä maan päällä olevien ihmisten kanssa – hän ei ole vain taivaissa oleva kaukainen jumaluus.

Monet nykyihmiset kamppailevat tämän asian kanssa. He eivät näe Egyptistä lähdön kaltaisia tapahtumia. Heillä ei ole samanlaisia kokemuksia kuin Mooseksella autiomaassa tai Jesajalla temppelissä. Ja tämä saa heidät pohtimaan, onko Vanhan testamentin opetuksilla Jumalasta minkäänlaista merkitystä heidän nykyaikaista elämäänsä ajatellen.

Vanha testamentti ottaa tällaiset epäilykset käsittelyynsä lisäämällä kolmannen puolen siihen, kuinka Jumala esitetään. Jumala esitetään paitsi aktiivisena *historiassa* ja *henkilökohtaisissa kokemuksissa*, myös piilotettuna Vanhan testamentin ihmisiltä, kuten hän niin monista nykyäänkin tuntuu olevan.

Israelilaiset kokivat usein vaikeaksi löytää minkäänlaisia jälkiä Jumalasta silloin, kun he tarvitsivat hänen apuaan ymmärtääkseen omaa elämäänsä. Näkyvät historialliset tosiseikat eivät aina puhuneet heille sen puolesta, että Jumala

Kommunikoiva Jumala

oli kaikkivoipa ja täynnä rakkautta. Heidän henkilökohtaisten elämiensä yksityiskohdat eivät aina ilmentäneet sitä, että elävä, henkilökohtainen Jumala kommunikoi rakastaen heidän kanssaan. Usein vaikutti itse asiassa olevan juuri päinvastoin, sillä pahuus ja kärsimykset näyttivät olevan hallitsevassa osassa heidän elämissään – aivan kuten ne näyttävät olevan myös meidän elämissämme.

Vain harvat uskovat kokevat vaikeaksi kuulla Jumalaa ja ymmärtää hänen tahtoaan silloin, kun he saavat kokea ihmeellisiä asioita ja ilmeisiä siunauksia – silloin kun on ilmiselvää, että Jumala on lähempänä heitä kuin kukaan toinen ihminen, kukaan heidän ystävistään.

Hengelliset elämämme eivät kuitenkaan ole aina täynnä dramaattisia ihmeitä ja yliluonnollisia kokemuksia. On aikoja, jolloin Jumala tuntuu olevan piilossa ja jolloin on vaikea kuulla hänen ääntään. Kuten havaitaan kirjassa *Elävä usko*, tällaiset ajat ovat ehdottoman oleellisessa osassa siinä, että usko pääsee kehittymään kypsäksi uskoksi.

Vanha testamentti tekee selväksi, että on aikoja, jolloin Jumala tuntuu olevan kaikkea muuta kuin voimallinen ja aktiivinen, jolloin hän tuntuu hukkuvan ihmisten epätoivon alle. Tämä on erityisen selvää Psalmien kirjassa. Joissakin Psalmeissa iloitaan Jumalan suurista töistä, mutta monissa myös ilmaistaan surua, tyrmistystä ja pettymystä ja toisissa taas valitetaan siitä, että elämän todellisuus tuntuu olevan ristiriidassa sen kanssa, mitä Jumalan teoista menneinä aikoina kerrotaan. Jopa niissä Psalmeissa, jotka pursuvat luottamusta Jumalaan, tunnustetaan, että syvimmän synkkyyden hetkinä häntä täytyy etsiä.

Henkilökohtainen vieraantuminen

Raamattua lukiessa on houkuttelevaa keskittyä vain sellaisiin kertomuksiin, joista välittyvät Jumalan rakkaus ja voima. Raamatussa kerrotaan kuitenkin myös niistä kamppailuista, joita ihmiset kokivat sen tähden, että Jumala tuntui olevan piilossa. Esimerkiksi:

Jumalan kuunteleminen

◆ Abraham oli mies täynnä uskoa, mutta hän koki usein vaikeaksi ymmärtää Jumalan tarkoituksia. Joskus Abraham ajatteli niiden olevan niin vaikeita sovittaa yhteen Jumalan luonnon kanssa, että hän jopa kiisteli aiheesta Jumalan kanssa.

◆ Mooses sai kokea Jumalan harvinaisen läheisellä tavalla, mutta hänen elämänsä oli täynnä kysymyksiä ja valitusta, kun hän yritti sovittaa Jumalan lupauksia siihen, mitä hän näki ympärillään.

◆ Elia sai Karmelinvuorella kuuluisan voiton Jumalan nimessä ja koki Jumalan voimaa varsin ihmeellisillä tavoilla. Silti hänestä tuntui siltä kuin Jumala olisi välittömästi sen jälkeen hylännyt hänet. Hän epäili Jumalan rakkautta ja voimaa ja halusi kuolla.

◆ Jeremia tiesi, että hänet oli valittu profeetaksi ja että häntä rakastettiin ja varjeltiin, mutta silti Jumala tuntui olevan vastahakoinen tukemaan hänen profeetallisia ilmoituksiaan. Jeremia julisti kuuliaisesti Jerusalemin tuhoa, eikä mitään tapahtunut 25 vuoteen, mikä sai Jeremian pohdiskelemaan, miksi hän oli edes syntynyt.

Jumalan piilossa olo on tärkeä teema Jobin ja Saarnaajan kirjoissa. Ne osoittavat, että Jumalaa ei tunneta mielikuvituksessa vaan henkilökohtaisten kohtaamisten todellisuudessa. Job anoi Jumalaa puhumaan hänelle – ja lopulta Jumala puhuikin, tosin ei sellaisella tavalla kuin Job oli odottanut.

Jobin kuunteleminen muistutti häntä siitä, että – riippumatta siitä, kuinka vaikeaa on ymmärtää katkerimpia elämänkokemuksia tai havaita Jumalan tekevän työtään – Jumala todella on lähellä.

Uskovat, jotka eivät hyväksy helppoja vastauksia, jotka sinnikkäästi etsivät Jumalaa ja kuuntelevat häntä, *saavat* kohdata hänet ja *saavat* kuulla hänen sanojaan.

Suuri kansallinen onnettomuus

Jerusalemin joutuminen Nebukadnessarin käsiin murskasi israelilaisten Jumalaan kohdistuvat odotukset. Vaikutti siltä kuin Jumalan lupaukset olisivat rauenneet tyhjiin. Siltä että hän oli hiljaa, että *Jahve* ei enää ollut heidän kanssaan.

Vanhassa testamentissa on hyvin paljon sen hämmennyksen käsittelyä, jota ihmisillä oli siitä, miten tällainen onnettomuus saattoi tapahtua Jumalan kansalle Jumalan hallitsemassa maailmassa. Läpi profeettojen kirjojen voidaan havaita, että ihmisiä kutsuttiin ymmärtämään juutalaisten pakkosiirtolaisuutta Babyloniassa asettamalla kaksi eri ajatusta jännitteiseen suhteeseen.

Myös menneisyydessä oli ollut suuria murroksia, ja Jumalan mahtava voima oli usein tullut noihin hetkiin muuttamaan niiden ihmisten elämiä, jotka vähiten sitä odottivat. Egyptistä lähtö ei ollut ollut tarpeeton siunaus – se oli ollut Jumalan vastaus orjuuteen ja sukupuuttoon kuolemisen uhkaan.

Juutalaiset kärsivät kansansa tottelemattomuuden vuoksi. Oikeudenmukainen Jumala ei voinut jättää huomiotta kansansa moraalisia epäonnistumisia ja sosiaalista epäoikeudenmukaisuutta. Mutta vaikka Jumalan oikeudenmukaisuus tuntui peittävän hänen rakkautensa alleen, profeetat julistivat, että Jumala olisi uskollinen lupauksilleen ja että hän lopulta siunaisi Israelia.

Usein on kuitenkin niin, ettei Vanha testamentti edes pyri selittämään, miksi Jumala tuntuu olevan hiljaa ja piilossa kansaltaan. Sen sijaan se antaa selkeän ja käytännönläheisen sanoman niille yksilöille, jotka kokevat vaikeana kuulla Jumalaa omassa elämässään.

Kun Raamatun miehet ja naiset pohdiskelivat kärsimyksiään, he joutuivat tunnustamaan, että Jumalan tiet olivat hämmentäviä ja arvoituksellisia. Kuten meidänkin, heidänkin täytyi oppia, että *Jahven* täydellinen malli harvoin mukautuu meidän epätäydellisiin odotuksiimme.

Tämän lisäksi Vanhan testamentin ihmiset kuitenkin lisäksi myös vakuuttivat, että Jumala oli puhunut voimallisesti

Jumalan kuunteleminen

heidän historiassaan ja henkilökohtaisissa kokemuksissaan. Tämä antoi heille varmuuden siitä, että Jumala oli aktiivinen – vaikka hän sillä hetkellä olikin heidän inhimillisen tilanteensa synkkyyden alla piilossa.

Profeetallisten ilmoitusten periaatteita

Edellä havaittiin, että Raamattu ilmoittaa Jumalan asiayhteydessä, jossa puhutaan hänen henkilökohtaisista suhteistaan kansansa kanssa. Voimme siis oppia profeetallisten ilmoitusten ja ilmestysten saamisesta ja Jumalan kuuntelemisesta tutkimalla hänen suhteitaan.

Opimme tuntemaan Jumalan luonnon syvimmät sopukat tarkastelemalla sitä, kuinka hän kommunikoi ihmisten kanssa erilaisissa haastavissa tilanteissa. Ja sitten uskon kautta sovellamme näitä totuuksia omaan elämäämme.

Jumalasta tehdään Vanhassa testamentissa kaksi suurta olettamusta, jotka määrittelevät sen tavan, jolla hän kommunikoi ihmisten kanssa. Nämä kaksi olettamusta ovat välttämättömiä sille, että voimme ymmärtää ilmoituksia ja ilmestyksiä *ja* sille, että voimme käytännössä osata kuunnella häntä.

Jumala toimii armossa

Jumalaa kuvataan Vanhassa testamentissa usein ihmisiin liittyvillä kuvilla – siellä annetaan esimerkiksi ymmärtää, että hänellä on kädet ja silmät ja että hän itkee ja nauraa ja niin edelleen. Tästä huolimatta on selvää, että Jumala on hyvin erilainen kuin ihmiset.

Hänen tekonsa eivät ole järkeiltävissä ihmisten käytöksestä, eikä häntä voida taivutella, suostutella tai manipuloida. Aina kun Jumala kommunikoi ihmisten kanssa, se tapahtuu *hänen* aloitteestaan.

Jumalallinen armontäyteinen aloite on keskeistä profeetallisten ilmoitusten ymmärtämiselle raamatullisella tavalla. Jokainen suhde Jumalan kanssa, jokainen Jumalan puhe, perustuu täysin hänen henkilökohtaiseen, armossa

Kommunikoiva Jumala

tapahtuvaan toimintaansa. Jumala on valinnut sitoutua *koko* ihmiskuntaan, ja edellä havaittiin, että hän kutsui Abrahamin auttamaan häntä toteuttamaan tämän päämäärän. Jumala toimi täysin omasta vapaasta tahdostaan. Hänen ainoa motiivinsa oli saada jakaa armollista rakkauttaan kaikille ihmisille, jotka elävät hänen maailmassaan.

Pelastuskertomuksen kaikissa tärkeissä kohdissa Vanha testamentti painottaa, että Jumalan armo on lähtökohta kaikelle yhteydelle Jumalan kanssa sekä kaikille Jumalalta tuleville ilmoituksille ja ilmestyksille.

Esimerkiksi Egyptistä lähtö tapahtui siksi, koska Jumala näki kansansa ahdingon ja sääli sitä – ei siksi, koska orjat sitä pyysivät. Ja yksittäiset miehet ja naiset saavat nauttia yhteydestä Jumalan kanssa hänen rakkautensa armontäyteisen aloitteen vuoksi – eivät siksi, koska heillä on oikeus olla yhteydessä Jumalan kanssa tai mahdollisuus vaatia sitä Jumalalta. Kukaan ei voi itse luoda tunnetta Jumalan läsnäolosta tai äänestä – Jumalan täytyy aina itse murtautua sisään ulkopuolelta.

Jumalan armontäyteisen aloitteen ja sen seurauksena tapahtuvan kuuntelemisemme välistä tärkeää suhdetta käsitellään osassa 4.

Jumala puhuu

On mahdotonta lukea Vanhaa testamenttia havaitsematta, että siellä toistuvasti pidetään kiinni siitä, että Jumala puhuu. Kaksi ensimmäistä tosiseikkaa, jotka Jumalasta opitaan 1. Mooseksen kirjan luvussa 1, ovat, että hän on luoja ja että hän on puhuja – ja että hänen puhumisensa ja luomisensa liittyvät tiiviisti toisiinsa.

Jotkut saattavat tästä päätellä, että Jumala puhuu tai kommunikoi pääasiassa voimallisten tekojensa *kautta*. Onkin totta, että Vanhassa testamentissa usein sanotaan, että Jumala on kommunikoinut menneisyydessä tapahtuneiden tekojensa ja ihmisten henkilökohtaisten kokemusten kautta. Meidän täytyy kuitenkin tunnistaa, ettei se, että Jumala puhuu, ole sama kuin se, että Jumala tekee.

Jumalan kuunteleminen

Egyptistä lähtöön liittyvät tapahtumat olivat Israelille ihmeellinen ilmoitus Jumalan luonnosta ja tahdosta – mutta ne eivät kertoneet paljoakaan *Jahvesta* egyptiläisille. Tarvitaan jotakin "ylimääräistä", jotta yleinen jumalallinen teko voi muuttua henkilökohtaiseksi jumalalliseksi ilmoitukseksi.

Yksi hämmästyttävimmistä Vanhan testamentin tosiseikoista on, että Israelin profeetat eivät ainoastaan tulkinneet Jumalan tekoja kansalle jälkikäteen, vaan että he myös ilmoittivat niitä etukäteen. Esimerkiksi:

- Aamos julisti tuomion Samarian yhteiskunnalle ja ilmoitti, että se kohtaisi pian loppunsa, vaikka mitään merkkejä sellaisesta ei ollut nähtävissä. Tuo kansa ei itse asiassa ollut koskaan aiemmin ollut niin vauras kuin tuolla hetkellä.

- Jeremia ilmoitti Jerusalemin tuhon, ja ihmiset pitivät häntä hulluna, kun hän sanoi jotakin niin epäuskottavaa. Hänen aikalaistensa silmissä mikään ei tuntunut yhtä epätodennäköiseltä.

- Mooses ilmoitti Egyptistä lähdöstä silloin, kun heprealaiset vielä olivat maailman voimakkaimman kansan orjina.

Profeetat pitivät kiinni sanomastaan, usein jopa pilkan ja vainon edessä, koska he olivat varmoja siitä, että heidän sanansa olivat Jumalan sanoma ihmisille – ja koska he uskoivat, että Jumala toimi pohjimmiltaan puhumisensa *kautta*. He tiesivät, että heidän kuulemiensa sanojen aktiivinen puhuminen oli välttämätön osa Jumalan luovaa prosessia.

Vanhan testamentin profeetallisen palvelutyön ytimessä oli sen Jumalan kuunteleminen, joka puhuu luodakseen. Ja Jumalan Sanan uskollinen julistaminen – jota yleensä tekivät Jumalan palvelijat, Hengen voitelemat profeetat – edelsi tavallisesti Jumalan luovaa toimintaa.

Kuten kirjoissa *Elävä usko* ja *Paleleminen Hengessä* havaitaan, tämä kaava ei ole muuttunut. Ainoa ero on, että helluntain jälkeen profeetallinen palvelutyö on ollut avoinna koko Jumalan kansalle – minkä tähden kommunikoivan Jumalan kuuntelemisen tulisikin olla olennaisessa osassa kaikkien profeetallisten, Hengen täyttämien nykyuskovien elämässä.

Tämä kumppanuus "Jumalan sanoja puhuvien uskovien" ja "Jumalan luovien tekojen" välillä on syy, miksi tässä kirjassa keskitytään "profeetalliseen" kuuntelemiseen ja tarkastellaan "Jumalan kuuntelemista" laajemman profeetallisen palvelutyön asiayhteydessä. Tämä auttaa korostamaan sitä, ettei kuuntelemisemme ole passiivista toimintaa vaan välttämätön osa Jumalan "puhumista jotta jotakin tapahtuu" -toimintaa.

Jahve, Israelin elävä Jumala ei ole staattinen, etäinen olento, jolla ei ole mitään tekemistä tavallisten ihmisten elämien kanssa. Hän on suuresti rakastava, kaikkivoipa, täynnä armoa oleva Jumala, joka puhuu ja toimii, *jotta* kaikilla maailman suvuilla voisi olla ylitsevuotava ja merkityksellinen suhde hänen ja toistensa kanssa. Ja kun me kuuntelemme häntä, meistä tulee osa hänen dynaamista, asioita esiin tuovaa toimintaansa.

Kutsumuksemme kuunnella Jumalaa on sekä erityinen etuoikeus että suuri vastuu. Kuten entisaikojen profeetat, meidätkin on kutsuttu *Jahven* pyhään läsnäoloon kuulemaan hänen ajatuksiaan, jonka jälkeen meidät lähetetään maailmaan puhumaan hänen sanojaan – niin että hänen luova voimansa voi muuttaa ympärillämme olevia särkyneitä ja kärsiviä elämiä.

Osa 3

Jumalan Sana

Raamatun Jumala on Jumala, joka puhuu. Hän ei ole mykkä epäjumala, joka ei ole kykeneväinen kommunikoimaan kansansa kanssa, eikä hän myöskään ole automaatti, joka ainoastaan vastaa pyyntöihimme. *Jahve* on sen sijaan armoa täynnä oleva Jumala, joka aina tekee *aloitteen*: hän puhuu, me kuuntelemme. Hän ilmoittaa itsensä kaikille niille, jotka opettelevat tarkkaavaisesti kuuntelemaan häntä. Tämä havaitaan esimerkiksi kohdissa Ps. 115:2-7; Jes. 46:5-10; Hab. 2:18-20 ja 1. Kor. 12:2.

Raamattu opettaa, että Jumala kommunikoi kanssamme:

- luomakunnan kautta – Ps. 19:1-6 ja Room. 1:18-21
- historiallisten tapahtumien kautta – 2. Aik. 36:22-23; Ps. 103:7; Jes. 46:9-10 ja Aam. 2:9-10
- ihmeiden ja tunnustekojen kautta – 5. Moos. 6:22; Neh. 9:10 ja Ap. t. 2:22
- luonnonilmiöiden kautta – 2. Sam. 21:1; Jes. 29:6; Hes. 38:19-20 ja Matt. 27:54
- ihmisten omantunnon kautta – Room. 2:14-15 ja 9:1
- järjen ja logiikan kautta – Jes. 1:18; Matt. 22:37 ja Room. 12:2
- unien ja näkyjen kautta – 1. Moos. 28:12-15; Hes. 37:1-14 ja Ap. t. 2:17
- profeetallisten palvelijoiden kautta – 1. Kor. 12:3,10 ja 1. Tess. 5:20
- enkelten kautta – Sak. 3; Luuk. 1:12-20 ja 26-28

Jumalan kuunteleminen

- ◆ pyhien kirjoitusten kautta – Ps. 19:7–11; 2. Tim. 3:16–17 ja 2. Piet. 1:19–21
- ◆ Jeesuksen Kristuksen kautta – Joh. 1:18 ja Hepr. 1:1–3.

Jumala tekee aloitteen ja puhuu näiden eri keinojen kautta pohjimmiltaan siksi, että voisi ilmoittaa *itsensä* meille. Hän tekee näin, jotta me voisimme tuntea hänet ja täyttää tarkoituksemme miehinä ja naisina hänen maailmassaan.

Jumalan kommunikointitavasta käytetään Raamatussa yleensä nimitystä hänen "Sanansa", ja tätä "Sanaa" käsitellään tarkemmin kirjassa *Elävä usko*. Jos haluamme kuunnella Jumalaa – jos haluamme kuulla hänen "äänensä" ja ymmärtää, mitä hän sanoo – meidän täytyy kuunnella hänen "Sanaansa".

Sekä Vanhassa että Uudessa testamentissa viitataan usein "Jumalan Sanaan", "Herran Sanaan", "sinun Sanaasi" ja niin edelleen. Siksi meidän onkin tärkeää ymmärtää tarkalleen, mitä Raamattu tarkoittaa "Sanalla".

Dabar

Vanhassa testamentissa Jumalan "Sanaan" viitataan heprean kielen sanalla *dabar*. *Dabar* tarkoittaa yleensä *puhuttua* viestiä Jumalalta. Se viittaa häneltä tulevaan *kirjoitettuun* viestiin ainoastaan Psalmissa 119, jossa sitä käytetään synonyyminä Vanhan testamentin ensimmäiselle viidelle kirjalle.

Kun sanomme, että Jumala "puhuu", käytämme itse asiassa vertauskuvaa. Jumala on hengellinen olento, jolla ei tarkkaan ottaen ole kurkkua, kieltä, suuta eikä äänihuulia. Hän ei yleensä kommunikoi kuuluvalla äänellä, joka voitaisiin kuulla fyysisillä korvilla: kohdan Matt. 3:17 kaltaiset tapahtumat ovat harvinaisia. Sen sijaan Jumala "puhuu" Sanansa meidän henkeemme, niin että kuulemme häntä hengellisesti.

Dabar on usein osa Vanhan testamentin ilmausta "Herran Sana tuli" jollekin. Tämä tuo esiin Jumalan armontäyteistä aloitetta. Hänen Sanansa tulee ensin meille, ja me vastaamme siihen sitten kiitollisina kääntymällä hänen Sanansa puoleen rakastavalla avoimuudella ja evankeliumin kuuliaisuudella.

Jumalan Sana

Dabar tarkoittaa sanatarkasti "se, mikä on jonkin taustalla", ja se viittaa jumalalliseen todellisuuteen, joka on niiden sanojen taustalla, jotka "kuulemme" hengessämme. Raamatullisessa opetuksessa Jumalan "Sanasta" on kyse juuri tästä "ilmoituksesta itsestä" – meidän on siis ehdottoman tärkeää ymmärtää tämä asia. Sanan *dabar* käyttö todistaa, että Jumala "puhuu" meille pohjimmiltaan ilmoittaakseen *itsensä* meille. Meidän tulisikin siksi kuunnella Jumalaa ensisijaisesti voidaksemme tuntea hänet *paremmin* – ja vasta toissijaisesti saadaksemme ohjausta omaan elämäämme.

Vanhan testamentin aikoina henkilön *dabaria* – hänen sanaansa – pidettiin sekä hänen persoonallisuutensa jatkeena että äärettömän merkityksellisenä myös itsessään. Tämän perusteella voidaankin sanoa, että Jumalan Sana on jumalallinen ilmoitus hänen pyhästä persoonallisuudestaan, joka – "puhuttuna" – jatkaa olemistaan oikeutetusti ja muista riippumatta koko ikuisuuden ajan.

Ilmoitus itsestä

Monet nykyuskovat sanovat, että "Sana on Raamattu". Tähän saattaa kuitenkin valitettavasti sisältyä ajatus, että Sana tarkoittaa ainoastaan Raamattua. Olisikin paikkansapitävämpää sanoa, että "kirjoitettu Sana on Raamattu".

Koska Sanan päätarkoitus on ilmoittaa Jumalan ikuinen luonto, se täytyy ilmaista usealla toisiaan täydentävällä tavalla, jotta hänen luontonsa tulisi tarkasti kommunikoiduksi. Sanan ikuinen täyteys on paljon suurempaa kuin mitä koskaan voitaisiin ilmaista jossakin rajallisessa muodossa, joten Raamatun kirjoituksetkin ovat siksi pohjimmiltaan Jumalan Sanan kirjoitettu muoto, eivät koko Sana.

Jotkut hengelliset johtajat painottavat, että Raamattu on "elävien ohjekirja" ja "ihmiskunnan sääntökirja". He lupaavat menestystä niille, jotka elävät raamatullisten vaatimusten mukaan. Jos tätä totuutta kuitenkin painotetaan liikaa, saattaa käydä niin, että kadotetaan Raamatun tärkein tarkoitus – nimittäin Jumalan ilmoittaminen meille.

Jumalan kuunteleminen

Jumalan tarkoitukset ja suunnitelmat ymmärretään väärin, jos Raamattua luetaan vain ohjeiden saamiseksi. Jumala on antanut meille kirjoitetun Sanan, jotta me voisimme tuntea paremmin hänet ja jotta voisimme päästä syvemmälle hänen elämäänsä.

Raamatun tärkeyden ja keskeisen aseman oikeanlainen painotus on valitettavasti saanut jotkut uskovat ajautumaan lakiin perustuvaan suhteeseen Raamatun kanssa pikemmin kuin elävään suhteeseen Jumalan kanssa.

Oikeanlainen suhtautumistapa koko Sanaan – joka perustuu pohjimmiltaan Jumalan ilmoitukseen itsestään – synnyttää monia hyödyllisiä ajatusmalleja. Esimerkiksi:

◆ Alamme ymmärtää, miksi sekä Jeesusta että kirjoituksia kutsutaan "Sanaksi".

◆ Ymmärrämme, miksi Raamattu yhdistää Sanaan Jumalan jumalallisen arvovallan ja hänen jumalalliset ominaisuutensa – kuten kohdissa 5. Moos. 12:32; Ps. 103:20; Jes. 40:8, 55:11 ja 1. Piet. 1:23–25.

◆ Alamme suhtautua Jumalan kuuntelemiseen – ja hänen Sanansa julistamiseen – paljon raamatullisemmalla, "jumalakeskeisemmällä" tavalla.

Logos ja rhema

Sanaa *dabar* käytetään siis sekä Jumalan erityisistä yksittäisistä viesteistä että hänen koko ilmoituksestaan itsestään. Uudessa testamentissa käytetään kuitenkin kahta eri kreikan kielen sanaa. *Rhema* viittaa tiettyihin viesteihin Jumalalta ja *logos* hänen koko ilmoitukseensa itsestään. Tätä käsitellään tarkemmin kirjassa *Elävä usko*.

Tiedämme, että Jumala on ilmoittanut itsensä kokonaisvaltaisesti ihmiskunnalle *Jeesuksen* ja *Raamatun* kautta, ja siksi Jeesusta voidaankin ajatella Jumalan "henkilökohtaisena Sanana" ja Raamattua Jumalan "kirjoitettuna Sanana". Siksi niitä molempia voidaankin myös pitää Jumalan *logos*-sanana.

Jumalan Sana

Jeesus

Kun ymmärrämme, että Jeesus on "Jumalan Sana" – selkeä ja täydellinen Jumalan ilmoitus itsestään – kykenemme myös alkaa ymmärtää "Jumalan kuuntelemisen" ja "Jumalan Sanan" välistä suhdetta raamatullisemmalla tavalla.

Jumalan kuunteleminen ei kuulu ainoastaan oppineille ihmisille, jotka ymmärtävät Raamattua älyllisellä tavalla. Se on osa elävää suhdetta Jeesuksen kanssa – suhdetta, joka on tarjolla kaikille ihmisille riippumatta heidän älyllisistä kyvyistään.

Tämä ei tarkoita, etteikö Raamattu olisi tärkeä – kaikkea muuta. Raamattua on kuitenkin mahdollista lukea ainoastaan ihmismielellä ja opiskella ainoastaan omalla viisaudella. Monet ihmiset tekevätkin näin ja väittävät sen vuoksi tuntevansa Jumalan Sanan. Jumalaa voidaan kuitenkin todella kuunnella ainoastaan hengessä, Pyhän Hengen avulla.

Sanalla *logos* ei tietenkään viitataan ainoastaan Jeesukseen, vaan sillä kuvataan Uudessa testamentissa myös Jumalan ilmoitettua tahtoa pitkälti samalla tavalla kuin Vanhassa testamentissa käytetään ilmausta "Jumalan Sana". Sitä käytetään esimerkiksi:

◆ suoraan Jeesukselta saadusta ilmoituksesta – 1. Tess. 4:15

◆ kaikista Jumalan sanomisista kokonaisuutena – Mark. 7:13 ja Joh. 10:35

◆ hyvästä sanomasta tai "evankeliumista" Jeesuksesta – joka välitetään hänen arvovallallaan ja jonka hänen voimansa tekee toimivaksi – Ap. t. 8:25, 13:26, 49, 14:3, 15:7, 15:35, 36, 16:32, 19:10; 1. Kor. 1:18; 2. Kor. 2:17, 4:2, 5:19, 6:7; Gal. 6:6; Ef. 1:13; Fil. 2:16; Kol. 1:5 ja Hepr. 5:13.

Sanaa *logos* käytetään usein "hyvästä sanomasta" tai "evankeliumista". Evankeliumi on Uudessa testamentissa pohjimmiltaan Jeesuksen itsensä esittely. Hän on Sana, joka saarnataan täysin riippuvaisina Pyhän Hengen voimasta.

Voitaisiin sanoa, että alkuseurakunnassa "Sana" tarkoitti

Jumalan kuunteleminen

aina Jumalalta saatua hänestä itsestään jotakin ilmoittavaa tai paljastavaa sanomaa, joka saatiin Kristuksessa Hengen kautta. Tuo Sana täytyi sitten julistaa ja ilmoittaa Hengen avulla – ja niiden, jotka sen kuulivat, täytyi olla kuuliaisia sille – niin kuin se olisi ollut korvin kuultava sana Kristukselta itseltään ja hänestä.

Rhema

Kirjassa *Elävä usko* selvitetään, että *rhema* viittaa tiettyihin Jumalalta saatuihin sanoihin vastakohtana Jumalan Sanalle kokonaisuutena, jota *logos* edustaa. Jumalan *rhema* ei kuitenkaan ole eri asia kuin Jumalan *logos* – se on vain yksi *logoksen* puoli. *Rhema*-sanalla Jumala korostaa *logos*-sanansa yhtä osaa. Se on "sana Sanan sisällä", joka on hänen suora sanansa jotakin tiettyä tilannetta varten jonakin tiettynä hetkenä.

Jokainen Jumalalta tuleva sana on yhdenmukainen koko Jumalan *logos*-sanan kanssa, hänen ilmoituksensa itsestään, sekä jokaisen yksittäisen Jumalan *rhema*-sanan kanssa. Jokainen jumalallinen viesti – jokainen profetia, lupaus, kehotus ja niin edelleen – on siis aina täysin ristiriidaton Jumalan koko *logos*-sanan kanssa. Jokainen niistä on yhdenmukainen kaiken sen kanssa, mitä Jumalasta tiedetään Kristuksen ja Raamatun kautta, sekä kaikkien Jumalan *rhema*-sanojen kanssa, jotka koskaan on lausuttu. Kristittyjen Raamatussa on täysin vieras se ajatus, että Jumala väittäisi Sanaansa vastaan tai kumoaisi sen.

Tämä osoittaa, kuinka tärkeää on koetella kaikki, minkä ihmiset sanovat olevan sana tai sanoma Jumalalta. Jos kerran jokainen *rhema*-sana on Jumalan ilmoitus itsestään, jokaisen sanan täytyy olla täysin yhdenmukainen kaiken sen kanssa, mitä Jumalasta ja Jeesuksesta tiedetään, sekä pyhien kirjoitusten koko ilmoituksen kanssa.

Kun Jumala Hengen kautta "puhuu" *rhema*-sanansa henkeemme, hän käyttää aivan kuin jumalallista valonheitintä. *Rhema*-sanalla Jumala nostaa esiin yhden logos-sanansa

Jumalan Sana

puolen ja paljastaa "nyt"-sanansa – hänen luontonsa sellaisen puolen, joka on erityisen merkityksellinen juuri tuossa kyseisessä tilanteessa.

Esimerkkejä *rhema*-sanasta nähdään kohdissa: Matt. 4:4, 26:75; Mark. 14:72; Luuk. 1:38, 2:29, 3:2, 5:5, 24:8; Joh. 5:47, 6:63, 8:20, 8:47, 12:47–48, 14:10, 15:7, 17:8; Ap. t. 2:14, 10:37, 11:16; Room. 10:8,17–18; Ef. 6:17; 1. Piet. 1:25; Juud. 1:17 ja Ilm. 17:17.

Jumalan Sana

Koska Jumala kommunikoi kanssamme Sanansa kautta, meidän on tärkeää pyrkiä ymmärtämään, kuinka Sana toimii.

Toisen Timoteuskirjeen jakeet 3:16–17 paljastavat, että kaikki kirjoitukset tulevat meille Jumalan henkäyksellä. Suomenkielisissä Raamatuissa sanotaan, että kirjoitukset syntyvät Jumalan Hengestä tai Jumalan Hengen vaikutuksesta, mutta kyseisissä jakeissa käytetty kreikan kielen sana *theopneustos* tarkoittaa "Jumalan hengittämää". Tämä osoittaa, ettei raamatullinen innoitus ole ainoastaan sellaista innoitusta, jonka laulutekijä saa kirjoittaessaan laulua tai keksijä kehitellessään jotakin uutta. Päinvastoin – kirjoitukset ovat jollakin erityisellä tavalla ainutlaatuisesti Jumalan henkäyksen, itse Pyhän Hengen "uloshengittämää".

Jakeiden Ps. 33:6 ja 2. Piet. 1:19–21 kaltaiset kohdat lisäksi painottavat, että Jumalan Sana tulee Hengen kautta, Jumalan henkäyksen kautta. Ne osoittavat, että koska Sana on Jumalan hengittämää, se todellakin on Jumalan Sana – se on hänen "suunsa henkäys".

Mikä vielä tärkeämpää, käyttämällä preesensmuotoa – "on Jumalan hengittämää" pikemmin kuin "oli Jumalan hengittämää" – jae 2. Tim. 3:16 myös osoittaa, ettei kirjoituksia ainoastaan henkäisty kerran ja kertakaikkisesti, kun ne ensimmäisen kerran kirjoitettiin ylös tai kun ne kerättiin yhteen. Sen sijaan Jumala yhä edelleen hengittää niitä meille Hengen kautta. Tämäkin korostaa sitä, kuinka ehdottoman tärkeää on olla erottamatta Sanaa Hengestä. Meidän tulisi pyrkiä olemaan sekä "Sanan" että "Hengen ihmisiä", juurtuneita

Jumalan kuunteleminen

sekä kirjoituksiin että Pyhään Henkeen – eikä vain valita toista näistä.

Sanan voima
Kun Jumala "hengittää" Sanansa Hengen kautta, se ilmaisee aina hänen pyhää luontoaan ja on aina varustettu hänen jumalallisella voimallaan ja arvovallallaan. Sen tähden Sana väistämättä täyttää aina tarkoituksensa: mitä Jumala "puhuu", se tapahtuu. Tämä havaitaan esimerkiksi kohdissa 1. Moos. 1:3, 1:6–7, 1:9, 1:11, 1:14–15, 1:20–22, 1:24, 1:26–27; 2. Aik. 6:14–15; Jes. 55:10–11 ja Room. 4:18–21.

Heprealaiskirjeen jakeessa 4:12 Sanaa kutsutaan eläväksi, väkeväksi ja teräväksi. Tämä jae opettaa, että Jumalan *logos* saa elämässämme aikaan sisäistä hengellistä työtä. Se paljastaa ajatuksemme ja asenteemme, läpäisee ulkokuoremme ja löytää "sydämemme" todellisuuden sekä tunkeutuu syvälle henkeemme.

Sanan synnynnäistä jumalallista voimaa painotetaan läpi koko Raamatun. Molemmissa testamenteissa paljastetaan lukuisia eri tapoja, joilla Jumalan koko Sana palvelee miehiä ja naisia. Voidaan esimerkiksi havaita, että Jumala, joka "puhuu tehdäkseen jotakin", tuo Sanan kautta:

- uskoa – Room. 10:17
- uuden syntymän ja uuden elämän – Jaak. 1:18 ja 1. Piet. 1:23
- hengellistä ruokaa – 1. Piet. 2:1–2 ja Matt. 4:4
- ilmestystietoa ja ohjausta – Ps. 119:105 ja 130
- puhdistumista ja pyhyyttä – Ps. 119:9; Ef. 5:25–27; 2. Piet. 1:1–4 ja Joh. 15:3
- palkkion ja siunauksen – Ps. 1:1–3 ja 19:11
- parantumista – Ps. 107:20
- voiton synnistä – Ps. 17:4 ja 119:11

Jumalan Sana

◆ voiton saatanasta – Luuk. 4:4,8,12; Ef. 6:17; 1. Joh. 2:14 ja Ilm. 12:11

◆ vapauden tuomituksi tulemisesta – Joh. 5:24 ja 12:47.

Jumala voi käyttää mitä tahansa Sanansa puolta – Jeesusta, henkilökohtaista puhetta Hengessä, Raamattua, profetiaa – antaakseen minkä tahansa näistä lahjoista meille. Tulisi kuitenkin olla selvää, että Sana on niin ainutlaatuisen toimiva ainoastaan siksi, koska se on Jumalan henkilökohtaisen luonnon ilmenemismuoto ja täynnä hänen henkilökohtaista jumalallista voimaansa.

Kirjoitettu Sana

Kun lähestymme "kirjoitettua Sanaa" kuunnellaksemme Jumalaa, meidän täytyy muistaa, että sillä on henkilökohtainen ja suhteeseen perustuva tarkoitus: Jumala hengittää Sanansa, jotta *me* voisimme tuntea *hänet*.

Vaikka kirjoitetun tekstin rajallinen luonto rajoittaakin raamatullista ilmoitusta Jumalasta, Raamattu on erehtymätön ja "niin kattava kuin mahdollista" -kirjaus Jumalan Sanasta ihmiskunnalle. Sillä on kaksi tärkeää ominaisuutta: aivan kuten "henkilökohtainen Sana" on sekä täysin Jumalan että täysin ihmisten sanaa, samoin "kirjoitettu Sana" on *sekä* Jumalan Sanaa *että* ihmisten kautta tullutta Sanaa.

Tämä täytyy pitää mielessä Raamattua lukiessa. Jakeet 2. Piet. 1:20–21 osoittavat, etteivät Raamattua kirjoittaneet ihmiset itse keksineet sanojaan vaan että he saivat innoituksensa Hengeltä – he kirjoittivat, mitä Jumala halusi, että tulisi kirjoitetuksi. Tämän vuoksi Raamattu todellakin on Jumalan Sana hänestä itsestään eikä ihmisten sanoja Jumalasta. Siinä on 66 kirjaa, joilla oli ainakin 40 eri kirjoittajaa ja jotka kirjoitettiin yli 1 600 vuoden aikana, ja kuitenkin siinä kaikuu yksi selkeä ääni – Hengen "ääni".

Toisen Pietarin kirjeen jakeet 1:20–21 antavat ymmärtää, että Raamattu – toisin kuin mikään muu kirja koskaan ihmisten historiassa – on saanut alkunsa Jumalan mielessä.

Jumalan kuunteleminen

Kirjoitusten ihmiskirjoittajat toimivat kirjaimellisesti Pyhän Hengen "johtamina" tai "liikuttamina", ja tätä siinä määrin, että kirjoitusten kirjoittaminen todellakin tapahtui Jumalan hallinnassa. Jakeessa 2. Piet. 1:21 esiintyvä, sanaksi "johtamina" käännetty kreikan kielen sana on sama sana, joka löytyy Apostolien tekojen jakeista 27:15-17, joissa puhutaan siitä, kuinka kokeneet merimiehet eivät kyenneet ohjaamaan laivaa kovan tuulen vuoksi. Laiva joutui tuulen kuljettamaksi, ohjaamaksi ja liikuttamaksi. Tämä muistuttaa juuri sitä tapaa, jolla Henki kuljetti, ohjasi ja liikutti ihmiskirjoittajia.

Tämä havainnollistaa sitä, kuinka täydellisesti Pyhä Henki valvoi ja johti kirjoitusten ihmiskirjoittajia. Merimiehet työskentelivät ahkerasi laivassa, vaikka juuri tuuli olikin se, joka ohjasi laivan liikkeitä ja valitsi lopullisen päämäärän. Samoin ihmiskirjoittajat kirjoittivat tehokkaasti samalla kun Henki ohjasi, mutta kyse ei millään lailla ollut siitä, että he itse olisivat keksineet tai tulkinneet sanojaan. Heitä johdatti Pyhä Henki – joka, kuten kirjassa *Hengen tunteminen* kerrotaan, on Jumalan tuuli tai *ruach* – ja Pyhä Henki johdatti heitä kirjoittamaan ylös vain sen, minkä Jumala halusi heidän kirjoittavan.

Raamatun kirjoittajia siis jumalallisesti estettiin lisäämästä minkäänlaisia virheitä siihen, mitä he kirjoittivat. Tämän vuoksi juuri sanotaankin, että Raamattu on sekä "virheetön" – siinä ei ole virheitä – että "erehtymätön" – kykenemätön tekemään virheitä. Pyhä Henki teki yliluonnollisella tavalla Mooseksen, Jesajan, Johanneksen, Paavalin ja muut Raamatun kirjoittajat kykeneviksi kirjoittamaan tarkasti juuri sen sanoman, joka Jumalalla oli ihmisille.

Vaikka kirjoitukset ovatkin saaneet alkunsa Jumalan mielestä, innoituksen prosessi ei todellakaan ollut mekaaninen. Kirjoitusten ihmiskirjoittajat eivät olleet järkeä vailla olevia robotteja tai pelkkiä sanojen käsittelijöitä. He kirjoittivat omasta henkilökohtaisesta, historiallisesta ja kulttuurillisesta asiayhteydestään käsin ja käyttivät omia lahjojaan sekä omaa mieltään, kieltään ja tyyliään. Juuri tämän vuoksi Raamatun kirjoista voidaankin löytää niin monia eri kirjallisia tyylejä.

Jumalan Sana

Jumala toimi käyttäen apunaan ihmisten persoonallisuutta, mutta johdatti ja ohjasi kirjoittajia niin jumalallisella tavalla, että se, mitä he kirjoittivat, oli se, mitä hän halusi heidän kirjoittavan.

Tämän vuoksi onkin paikkansapitävää sanoa, että kirjoitukset syntyivät sekä jumalallisen että inhimillisen yhteistyön tuloksena. Siksi Raamattu on sekä täysin jumalallinen että täysin inhimillinen. Toisaalta Jumala puhui – ja ilmoitti näin totuuden sekä esti ihmiskirjoittajia tekemästä virheitä kajoamatta kuitenkaan heidän persoonallisuuteensa. Toisaalta taas ihmiset kirjoittivat – ja käyttivät siinä omia luontaisia lahjojaan vapaasti vääristelemättä silti jumalallista sanomaa. Heidän sanansa olivat selvästi heidän sanojaan. Ne olivat kuitenkin myös niin todellisesti Jumalan sanoja, että se, mitä Raamattu sanoo, on se, mitä Jumala sanoo.

Raamatun riittävyys

Toisen Timoteuskirjeen jakeet 3:15–17 paljastavat, että kirjoitettu Sana on "hyödyllinen". Kyseinen kreikan kielen sana *ophelimos* voitaisiin kääntää myös sanoilla "kannattava", "suotuisa" tai "hyvää tekevä". Sanan *ophelimos* käyttö jakeessa 1. Tim. 4:8 osoittaa, että se viittaa johonkin, joka on käytännöllisellä tavalla "hyvää tekevää" tai "hyödyllistä", pikemmin kuin johonkin, josta on vain jonkinlaista hyötyä tai apua.

Jakeessa 2. Tim. 3:17 tehdään selväksi, että koko Raamatun jokainen osa on syvällisesti hyödyllistä. Meidän ei siis tulisi kelpuuttaa vain joitakin kohtia ja torjua toisia. Emme saa pitää jotakin kohtaa merkityksettömänä tai jättää huomiotta jotakin toista kohtaa vain siksi, koska pidämme sitä tylsänä. Emme saa tuomita mitään Jumalan Sanan osaa – ja itse asiassa Sana tuomitsee meidät.

Raamattu on siis riittävä ajatellen kaikkia uskon ja käytännön elämän puolia, ja se on arvovallan ja totuuden pohjimmainen perusta. Raamatun riittävyys on perinteisesti ollut kiistan aihe protestanttien ja katolilaisten välillä.

Jumalan kuunteleminen

Protestantit pitävät kiinni *"Sola Scriptura"* -käsitteestä – jonka mukaan Raamattu yksin on arvovaltainen ja riittävä kaikissa uskon ja käytännön asioissa. Katolilaiset sitä vastoin uskovat, että kristityille kirkolliset traditiot ovat yhtä lailla sitovia seikkoja kuin Raamattukin. Juuri tämän vuoksi on olemassa sellaisia katolisia oppeja kuin kiirastuli, pyhien rukoileminen ja Marian kunnioittaminen. Nämä eivät todellisuudessa perustu kirjoituksiin, mutta niitä arvostetaan katolisten traditioiden vuoksi.

Raamattu kuitenkin pidättää itselleen arvovallan ja riittävyyden ylitse kaikkien traditioiden, aatteiden ja henkilöiden, ja tämä on ehkäpä kaikkein ytimekkäimmin ilmaistu juuri jakeissa 2. Tim. 3:15–17. Tämä ei tarkoita, että Raamattu käsittelisi tyhjentävästi tai edes ottaisi puheeksi kaikkia mahdollisia aiheita, mutta se tarkoittaa, että silloinkin, kun Raamattu ei tarjoa suoraa opetusta jostakin aiheesta – esimerkiksi vaikka tieteelliseen tietoon liittyvissä asioissa – on olemassa raamatullisia periaatteita, joiden mukaan voidaan tarkastella ja arvioida kaikkea, "mikä kuuluu tosi elämään ja jumalanpelkoon" – 2. Piet. 1:3.

Jakeet 2. Tim. 3:15–17 osoittavat, että kirjoitukset kokonaisuudessaan – koko Raamattu – on syvästi hyödyllistä:

- ◆ opetukseksi – Jumala antaa normit, joiden mukaan kaikki mitataan

- ◆ nuhteeksi – Jumala osoittaa meille, missä olemme kulkeneet harhaan

- ◆ ojennukseksi – Jumala asettaa meidät takaisin oikealle polulle

- ◆ kasvatuksesi vanhurskaudessa (vrt. v. 1938 käännös) – Jumala opettaa meille, kuinka pysyä hänen oikealla polullaan.

Tämä osoittaa, että kirjoitettu Sana varustaa uskovat täydellisesti kaikkia elämän ja palvelemisen osa-alueita varten. Se ohjaa meitä tarkasti, ja me voimme luottaa siihen,

Jumalan Sana

että se on lopullinen ja ylin auktoriteetti elämäämme varten. Jos todella haluamme kuunnella Jumalaa, emme koskaan hylkää *mitään* osaa Raamatusta – me luemme, opiskelemme ja mietiskelemme Raamatun *jokaista* osaa, uskomme *jokaisen* niistä ja toimimme *jokaisen* niiden pohjalta.

Elävä Sana
Edellä kuitenkin todettiin, että Raamattu ei ole erillinen sääntökirja. Heprealaiskirjeen jae 4:12 tekee selväksi, että Sana on elävä ja toimiva, ja mikä vielä tärkeämpää, se osoittaa, että Jumalan Sana toimii syvällä meidän sisimmässämme – meidän "sydämessämme", meidän hengessämme.

Edellä myös todettiin, että Sana tulee meille Jumalan henkäyksellä, Hengen välityksellä. Tämä tarkoittaa, että Jumala puhuu meille Raamatun kautta hengessämme – hän ilmoittaa itsensä kirjoitetussa Sanassa ja ohjaa meitä sen kautta.

Tämä ei kuitenkaan tarkoita, etteikö Jumala koskaan kommunikoisi mitään muuta kuin mitä hän on jo sanonut Raamatussa. Kaikkihan me kohtaamme useinkin tilanteita, joissa Raamattu ei auta meitä arvioimaan eri mielipiteitämme ja joissa siis tarvitsemme Hengen erityistä puhetta meille – yksityiskohtaisempaa puhetta kuin Raamatussa on mahdollista. Tilanteita, joissa tarvitsemme Henkeä nostamaan esiin niitä raamatullisia periaatteita, jotka sopivat senhetkiseen tilanteeseemme, sekä osoittamaan meille, kuinka meidän tulisi juuri tuossa tilanteessa soveltaa näitä periaatteita Jumalan tarkoittamalla tavalla.

Jumala saattaa esimerkiksi kutsua meitä kirjoitusten kautta – vaikkapa 1. Moos. 12:1, Joona 1:2 tai Ap. t. 16:9 kaltaisten kohtien kautta – menemään jonkin kaukaisen kansan luo viemään evankeliumia, mutta hän ei selvästikään voi kertoa meille Raamatun kautta tarkalleen ottaen minkä Afrikan, Etelä-Amerikan tai Aasian kansan luo meidän tulisi mennä.

Hänen sanansa täytyy tulla meille Hengen kautta jollakin muulla tavalla kuin Raamatusta, kun tarvitsemme tiettyä ja henkilökohtaista johdatusta – mutta hänen sanansa aina

Jumalan kuunteleminen

varmentavat ja vahvistavat sen, mitä hän on jo kommunikoinut meille kirjoitetun Sanan kautta.

Jesajan kirjan jae 58:11 on tärkeä lupaus, joka annettiin Jumalan kansalle useita vuosisatoja ennen kuin Jeesus tuli lihaksi ja Uusi testamentti kirjoitettiin. Se osoittaa, ettei Jumalan johdatus rajoitu Raamattuun.

On tietenkin totta, että Jumala ohjaa meitä yleisesti ja opillisesti kirjoitetun Sanansa kautta, mutta hän ohjaa meitä myös henkilökohtaisesti ja erityisesti henkilökohtaisen Sanansa kautta: ja myös se tulee meille hänen henkäyksellään, Hengen välityksellä.

Kuten havaitaan kirjassa *Hengen tunteminen*, juuri ennen kuin Jeesus lähti pois maan päältä, hän lupasi lähettää *allos parakletoksen* – toisen Neuvonantajan, joka olisi täysin samalainen kuin hän. Jeesus myös vakuutti, että tämä Neuvonantaja olisi kanssamme *ikuisesti*.

Henki on aivan kuin Jeesus, ja hän tulee vierellemme kutsuakseen meitä. Hän tulee ohjaamaan meitä henkilökohtaisesti ja erityisesti – kuten myös yleisesti ja opillisesti. Tämä voidaan todeta Johanneksen evankeliumin jakeen 16:13 viittauksesta "kaikkeen" totuuteen.

Tämä osoittaa, että Hengen kuunteleminen on Jeesuksen kuuntelemista, että Hengeltä oppiminen on Jeesukselta oppimista, että Hengen johdattamana kulkeminen on Jeesuksen johdattamana kulkemista – ja niin edelleen.

Monilla kristityillä on terve oppi, mutta heillä ei kuitenkaan ole voimaa elää Jumalalle, koska he eivät ole ymmärtäneet, ettei oppi ole ainoastaan mieleen ja älyyn liittyvä asia. Vaikka meidän täytyykin kuunnella kirjoitettua Sanaa (eikä Pyhä Henki koskaan puhu sen vastaisesti), meidän täytyy myös kuunnella Pyhää Henkeä – suoraan ja henkilökohtaisesti. Näitä kuuntelemisen puolia käsitellään osissa 7–9.

Taikauskoisuus
Jumalan kuunteleminen Sanan ja Hengen kautta on niin kaukana taikauskon johtamana kulkemisesta kuin mahdollista.

Jumalan Sana

Yhä useammat ihmiset etsivät johdatusta astrologian eri muodoista, mutta ne ovat taikauskoa ja täynnä pahuutta – ja joskus ne voivat jopa olla paholaisen ilmenemismuotoja.

Tämä ei tarkoita, että jokaisesta, joka on joskus silmäillyt sanomalehden horoskooppeja, täytyisi ajaa ulos jokin riivaaja! Kyseiset asiat ovat taikauskoa, ne ovat täysin vastakkaisia Jumalan tavalle ilmoittaa itsensä, ja juuri sen vuoksi vihollinen käyttääkin niitä kääntääkseen huomiomme pois Jumalan kuuntelemisesta ja saadakseen meidät kiinnostumaan hänen pahoista juonistaan.

Jos joku kuitenkin jatkuvasti tukeutuu johonkin astrologian muotoon ja *alkaa turvautua siihen*, hän asettaa itsensä täysin avoimeksi demoniselle vaikutukselle. Mutta jopa silloin, kuten opitaan kirjassa *Palveleminen Hengessä*, tarvitaan hengellistä henkien erottamisen lahjaa, jotta voidaan tietää, mitä tehdä tilanteissa, joissa tuo ihminen tulee palveltavaksi.

Meidän täytyy aina olla tarkkoina siitä, että erotamme varmasti toisistaan Jumalan kuuntelemisen ja toisaalta harhaan joutumisen paholaista kuuntelemalla. Vihollinen on pettäjä ja valehtelija. Hän vastustaa Jumalaa ja Jumalan kansaa, ja Jumala on täysin päinvastainen kuin hän ja hänen kommunikointitapansa. Tämä havaitaan kohdissa Jes. 47:13–14; 1. Kor. 12:3 ja 1. Joh. 4:1–6.

Kaikki ennustamisen muodot ja kaikki okkultistinen tai spiritistinen johdatus on iljetys Jumalalle. Itsessään ne eivät hyödytä mitään – ne ovat vain niiden taustalla vaikuttavien kätkettyjen voimien "rekvisiittaa".

Kristittyinä uskovina meidän ei pidä etsiä johdatusta näistä keinoista. Sen sijaan meidän tulee lähestyä Jumalaa ja kuunnella häntä – hänen henkilökohtaisen Sanansa ja hänen kirjoitetun Sanansa kautta – niin, että tuntisimme hänet paljon paremmin ja voisimme olla osallisina hänen pyhästä toiminnastaan.

Osa 4

Jumalan tahto

Kirjassa *Isän tunteminen* tarkastellaan Isän tahtoa melko yksityiskohtaisesti. Siinä selvitetään, että:

◆ Jeesuksen suhdetta Isänsä kanssa leimaa täydellinen luottamus ja radikaali kuuliaisuus.

◆ "Usko" on samankaltainen raamatullinen käsite kuin "kuuliaisuus" – Jumalaan uskominen on olemista kuuliainen Jumalalle, ja olla Jumalalle kuuliainen on häneen uskomista.

◆ Raamatullinen kuuliaisuus, tai "evankeliumin kuuliaisuus", on aina vastaus Jumalan armoon eikä koskaan ennakkoehto armolle.

Evankeliumi julistaa, että Isä toivottaa meidät tervetulleiksi juuri sellaisina kuin olemme – hänen luokseen palaavina lapsina, kaikessa arvottomuudessamme – ja että meidän tulisi vastauksena Isän armoon osoittaa kiitollista kuuliaisuutta. Emme siis ole kuuliaisia hänelle ansaitaksemme hänen armollisen anteeksiantonsa.

Hyvä uutinen on se, että Jumala ottaa meidät vastaan ilman minkäänlaisia ennakkoehtoja. Meidän ei kuitenkaan koskaan pidä unohtaa, että palaamme Isän kotiin ja perheeseen, jossa Isä on herra, jolle kaikkien tulisi olla kuuliaisia.

Evankeliumin kuuliaisuus

Kirjassa *Isän tunteminen* selvitetään, että evankeliumin kuuliaisuus on pikemminkin *mahdolliseksi tehtyä kuuliaisuutta* kuin vaadittua kuuliaisuutta. Isä ei vaadi meiltä mahdottomia ja katso sitten sivusta, kuinka epäonnistumme. Sen sijaan hän antaa meille Pojan ja Hengen, joiden kautta hän tekee

Jumalan kuunteleminen

meidät kykeneviksi olemaan kuuliaisia hänelle. Lisäksi siinä havaitaan, että evankeliumin kuuliaisuus on *henkilökohtaista kuuliaisuutta "Abballe"* eikä kuuliaisuutta joukolle yleisiä periaatteita ja tarkkoja sääntöjä. Roomalaiskirjeen jakeet 12:1-2 osoittavat, että evankeliumin kuuliaisuus on hyvinkin eri asia kuin pyrkimys elää kristillisten periaatteiden mukaan, pyrkimys noudattaa kymmentä käskyä tai pyrkimys soveltaa vuorisaarnaa omaan elämään.

On selvää, ettei Jeesus elänyt jonkin ohjelman tai joidenkin toimintaperiaatteiden mukaan. Hän eli minuutti kerrallaan kuulostellen, minkä tietyn muodon Jumalan johdonmukainen tahto otti missäkin hänen kohtaamassaan tilanteessa.

Hän esimerkiksi tiesi, että parantuminen oli Jumalan *yleinen ja lopullinen* tahto jokaista varten, mutta hänen täytyi ymmärtää Jumalan *tietty tahto* tietääkseen, mitä sanoa kullekin kohtaamalleen sairaalle henkilölle. Johanneksen evankeliumin jakeet 5:1-15 osoittavat, että Jeesus ymmärsi Jumalan erityisen tahdon tuona päivänä ja tuossa paikassa olevan parantaa, hänen kauttaan, vain yhden ihmisen suuresta joukosta sairaita ihmisiä.

Apostolien tekojen jakeissa 16:6-10 taas kerrotaan siitä, kuinka Henki esti Paavalia menemästä yhteen suuntaan saarnaamaan ja sitten menemästä toiseen suuntaan, ja kuinka Paavali sitten sai tietää Jumalan tietyn suunnan hänelle. Paavali tiesi, että Jumalan *yleinen tahto* oli, että hän saarnaisi evankeliumia pakanoille, mutta hänen täytyi ymmärtää, mikä Jumalan *tietty tahto* hänen palvelutyötään varten tuossa hetkessä oli.

Juuri tällaista "henkilökohtaisesti ohjattua, tiettyä kuuliaisuutta" Jumalan tahdolle meidän täytyy elämässämme noudattaa – ja juuri siksi onkin niin äärettömän tärkeää kuunnella Jumalaa, jotta voisimme kuulla ja ymmärtää, mikä hänen tietty tahtonsa minuutti minuutilta meidän elämäämme varten on. Aivan kuten on Pyhän Hengen työtä ilmoittaa Jumalan henkilökohtainen ja kirjoitettu Sana meille, samoin on hänen työtään myös ilmoittaa Jumalan tietty tahto meille.

Jumalan tahto

Jumalan tahdon ensisijaisuus

Kirjassa *Isän tunteminen* todetaan, että Isän tahto on aina etusijalla omaan inhimilliseen tahtoomme nähden hänen kutsussaan kuuliaisuuteen. Ääretön armo on Jumalan aloite, ja evankeliumin kuuliaisuus on meidän vastauksemme siihen.

Jumalallinen järjestys on selvä: Isä tekee aloitteen, me vastaamme. Ennen kuin voimme siirtyä askeltakaan Jumalan suuntaan, jopa silloin, kun vielä sanomme "ei" Jumalalle, Isä tulee luoksemme Pojassaan, täynnä ilmaista ja runsasta armoa. Tämä on totta hengellisen elämän kaikilla osa-alueilla.

Tätä tärkeää periaatetta pyritään painottamaan läpi tämän *Hengen miekka* -kirjasarjan. Tässä esimerkiksi toistuvasti osoitetaan, että:

◆ Jumalan tahto on aina etusijalla

◆ armon täytyy joko olla "ensin ja ennen kaikkea" tai se lakkaa olemasta armoa

◆ Jumalan usko, Hengen voitelu sekä Hengen lahjat ja palvelutehtävät annetaan kaikki Jumalan runsaan armon asiayhteydessä

◆ mitkä tahansa jumalalliset olosuhteet – kuten evankeliumin kuuliaisuus – ovat ihmisten kiitollinen vastaus armoon, eivät armon ennakkovaatimuksia.

Tulisikin olla itsestään selvää, että tällä on merkittäviä seuraamuksia sille, miten kuuntelemme Jumalaa. Jos jumalallinen järjestys olisi "kuuliaisuus ennen armoa", meidän täytyisi turvautua tekniikoihin, järjestelmiin ja menetelmiin halutessamme tuntea Jumalan tahdon – ja toivoa, että "itse ponnistelemamme kuuliaisuus" riittäisi kääntämään Jumalan huomion ja siunaukset puoleemme.

Koska Jumalan tahto on kuitenkin etusijalla kaikissa asioissa ja hänen armonsa on ääretöntä ja ehdotonta, me voimme kääntyä hänen puoleensa, kun janoamme kuulla hänen tahtonsa, ja olla *varmoja* siitä, että hän jo kutsuu meitä itsensä ja lupaustensa luo.

Jumalan kuunteleminen

Jotkut uskovat väittävät, että Isän halukkuus puhua meille on riippuvaista siitä, että me ensin pyydämme häntä puhumaan. He sanovat, että Jumala on halukas puhumaan, antamaan, toimimaan jne. sitten, *kun* me pyydämme häntä niin tekemään. He antavat ymmärtää, että yleisesti ottaen Jumala ei puhu meille, jos me emme ensin etsi häntä.

Raamatullinen armon painotus kuitenkin merkitsee, että ennen pyytämistämme tarvitaan Isän halukkuus. Uskallamme pyytää häntä puhumaan vain siksi, koska tiedämme, että Isän tahto todellakin on puhua meille.

Tämä havaitaan Luukkaan evankeliumin jakeessa 11:13. Kyseisessä jakeessa mainitaan nämä kaksi tärkeää puolta – *Jumalan halukkuus* ja *meidän pyytämisemme* – ja paljastetaan, mikä on Jumalan tapa toimia, antaa, puhua ja niin edelleen. Jotkut ihmiset ajattelevat, että tämän jakeen inhimillinen pyytäminen tulee ennen Jumalan tahtoa ja on ennakkoehto hänen halukkuudelleen antaa Hengen. Raamatullinen "armo ensin " -painotus kuitenkin merkitsee, että pyytämisemme on seurausta Jumalan tahdosta antaa Henkensä sekä sen aikaansaannos.

"Kuuliaisuus ensin" -näkökulmaa painottavat uskovat keskittyvät pyytämään Jumalaa ilmoittamaan tahtonsa – itse valitsemanaan hetkenä, silloin kun *he* haluavat tietää, mikä hänen tahtonsa on. Ne taas, jotka painottavat "armo ensin" -näkökulmaa, keskittyvät kuuntelemaan Jumalaa *kaiken aikaa*, niin ettei heiltä menisi ohi niitä hetkiä, join*a hän* ilmoittaa tahtonsa heille. Meidän tulee jatkuvasti muistaa tämä "Jumalan kuuntelemisen" perusperiaate. Hän ei puhu meille vain siksi, koska *me* pyydämme häntä puhumaan meille. Pikemminkin on niin, että me kuuntelemme häntä, koska *hän* jatkuvasti kutsuu meitä jatkamaan hänen kuuntelemistaan. Etusija ja aloite kuuluvat täysin Jumalalle.

Jumalan tahdon ymmärtäminen
Edellä todettiin, että Jumalan kuuntelemisen ensisijainen tarkoitus on oppia tuntemaan hänet paremmin. Jumala

Jumalan tahto

ilmoittaa Sanansa meille pohjimmiltaan siksi, että voisi ilmoittaa itsensä meille. Hän puhuu meille, jotta voisi vetää meitä lähemmäs itseään ja syvemmälle tuntemiseensa. Todellisella raamatullisella kuuntelemisella on aina *suhteeseen perustuva* tarkoitus ja perustus – johdatus ja oppi ovat vasta toissijaisia asioita.

Voitaisiinkin itse asiassa sanoa, että paras tapa ymmärtää Jumalan tahtoa on tutustua Jumalaan läheisemmin – sen tähden tässä kirjasarjassakin painotetaan aiheita *Isän tunteminen, Pojan tunteminen* ja *Hengen tunteminen*.

Puhuessaan meille Jumala kuitenkin ilmoittaa myös tahtonsa meille – vaikka meidän täytyykin ymmärtää tämän ilmoituksen suhteeseen perustuva asiayhteys ja tarkoitus.

Edellä lisäksi havaittiin, että koska Jumala on hengellinen, hän vain harvoin ilmoittaa Sanansa äänellä, jonka me voisimme kuulla fyysisillä korvillamme. Sen sijaan hän "puhuu" Hengen kautta monin eri tavoin, jotka meidän on tarkoitus "kuulla" ja "erottaa" uskon kautta *hengessämme*.

Jumala paitsi hengittää Sanansa meille Raamatun kautta, hän myös kommunikoi tahtonsa henkeemme noin kymmenellä muullakin tavalla.

Olosuhteet

Edellä havaittiin, että Apostolien tekojen jakeissa 16:6–10 Henki ohjasi Paavalia kohti sitä, mikä Jumalan tietty tahto tuossa hetkessä oli Paavalin pakanoita tavoittavaa palvelutyötä varten. Jakeissa ei kuitenkaan selviä, kuinka Henki esti Paavalia saarnaamasta Aasiassa tai Bityniassa. Ehkäpä Paavali koki yliluonnollista rajoittamista hengessään tai ehkä kyseessä oli jokin olosuhteisiin liittyvä vaikeus. Jumala käyttää molempia näistä keinoista, eikä kumpikaan niistä ole toistaan "parempi".

Uusi testamentti osoittaa, että Jumala johdatti Paavalia useilla eri tavoilla tämän elämän aikana. Apostolien tekojen luvun 21 tapahtumista alkaen Paavalin olosuhteilla vaikuttaisi kuitenkin olleen yhä suurempi merkitys siinä, kuinka hän erotti,

Jumalan kuunteleminen

mikä Jumalan tietty tahto hänen elämäänsä ja palvelutyötänsä varten oli.

Olosuhteilla on todellinen osansa siinä, että voimme ymmärtää Jumalan tahtoa, mutta meidän tulee aina tarkastella niitä realistisella tavalla – ja soveltaa niihin sitten Jumalan viisautta. Tätä profeetallisten ilmoitusten "arvostelemista" tai "koettelemista" tarkastellaan kokonaisuudessaan osassa 8.

Olosuhteita voidaan tulkita eri tavoin. Esimerkiksi:

- Jumala voi käyttää niitä koetellakseen uskoamme ja kestävyyttämme.

- Paholainen voi käyttää niitä asettuakseen meitä vastaan, ja voi olla, että meidän täytyy käskeä niitä poistuman tieltämme.

Jotkut "avoimet ovet" saattavat johtaa ansaan, ja jotkut "suljetut ovet" täytyy pakottaa avautumaan. Emme siis saa antaa olosuhteiden yksin ohjata meitä, sillä se olisi pakanallista kohtalonuskoa. Meidän tulisi sen sijaan pyytää Jumalaa antamaan meille hengellisenä lahjana hänen viisautensa tai erottamisen kykynsä, niin että osaisimme tulkita olosuhteitamme oikein.

Jumalallinen ajattelutapa

Roomalaiskirjeen jae 12:1 korostaa hengellisesti uudistuneen mielen tärkeyttä ja osoittaa, kuinka paljon mielen uudistumisella on merkitystä ajatellen kykyämme tuntea Jumalan tahto.

Kun Jumala loi ihmiset omaksi kuvakseen, hän antoi meille järkevät mielet ja tarkoitti, että me myös käyttäisimme niitä. Jeesus ilmoittaa – Matteuksen evankeliumin jakeessa 22:37 –, että meidän tulee käyttää *koko* mieltämme Jumalan rakastamiseen mahdollisimman läheisellä tavalla. Lisäksi Filippiläiskirjeen jakeessa 2:5 opetetaan, että myös uskovilla voi olla aivan sama mieli kuin Jeesuksella oli.

Nämä kolme jaetta havainnollistavat mielemme tärkeyttä. Tästä huolimatta joissakin seurakunnan haaroissa on tiettyinä

Jumalan tahto

aikoina menneisyydessä vähätelty mieltä ja aliarvostettu mielen harjoittamista ja hyvää koulutusta. Kurinalainen, kehittynyt ajattelu on kuitenkin keskeinen seikka kristillisessä opetuslapseudessa, sillä me emme voi ymmärtää Jeesuksen vertauksia ja opetuksia, ellemme käytä mieltämme. Ja kuten on pyritty osoittamaan läpi tämän *Hengen miekka* -kirjasarjan, Sana ja Henki eivät ole millään tavalla toistensa vastakohtia.

Pyhä Henki kyllä julistaa suoraan henkeemme, mutta hän tulee myös opettamaan meitä ja johdattamaan meidät tuntemaan koko totuuden. Tämän vuoksi meidän täytyykin reagoida hänen työhönsä sekä *älyllisillä ponnistuksilla* että *hengellisellä avoimuudella*.

Jumala ilmoittaa Sanansa, tahtona ja itsensä meille, kun käytämme kaikkia kykyjä, joita hän on meille antanut, ja pohdiskelemme huolellisesti tilannettamme. Kuten havaitaan osassa 8, meidän täytyy käsitellä kaikki asiat läpikotoisin uudistuneella mielellämme, arvioida eri puolia ja toimia viisaasti sen hengellisen johtopäätöksen mukaan, johon päädymme.

Suurimman osan aikaa emme tarvitse "yliluonnollista" tai "olosuhteisiin perustuvaa" johdatusta voidaksemme ymmärtää Jumalan tahdon. Uudistunut ajattelu ja jumalallinen maalaisjärki riittävät moneen. Ja on tietenkin selvää, että tämä kaikki tapahtuu Jumalan kirjoitetun Sanan valossa ja samalla, kun Pyhä Henki valtuuttaa ja uudistaa ajatteluamme, niin että se jatkuvasti asettuu yhä enemmän samaan linjaan Jumalan ajattelutavan kanssa.

Hengen todistus

Tiedämme, että Jumala on persoonallinen hengellinen olento, joka kommunikoi kanssamme meidän henkemme kautta. Hän "puhuu" meille vain harvoin äänellä, jonka voimme "kuulla" fyysisillä korvillamme. Sen sijaan hänen Sanansa ja hänen tahtonsa tulevat meille hänen henkäyksellään, hänen Henkensä välityksellä, ja me "kuulemme" tai "erotamme" Jumalan tahdon uskon kautta hengessämme.

Jumalan kuunteleminen

Kun ihminen "uudestisyntyy", hän aloittaa uuden, henkilökohtaisen "Isä-lapsi"-suhteen Jumalan kanssa. Jumalan kolmas persoona, Pyhä Henki, alkaa "todistaa" hänen hengelleen tai "kommunikoida" hänen henkensä kanssa. Tämä tapahtuu täysin erilaisella tavalla kuin kommunikointi minkään älyllisten tai järkeen perustuvien tosiseikkojen, fyysisten ärsykkeiden tai raamatullisten oppien kautta.

Kuten opitaan kirjoissa *Hengen tunteminen* ja *Palveleminen Hengessä*, Pyhä Henki puhuu meille suoraan. Hän antaa meille sisäisen todistuksen, joka on aina täysin samassa linjassa Jumalan ikuisen Sanan koko totuuden kanssa.

On vaikea kuvailla niitä eri tapoja, joilla Henki antaa tämän kätketyn todistuksen, sillä hän toimii jokaisen uskovan kohdalla yksilöllisellä ja erilaisella tavalla. Voidaan kuitenkin sanoa, että hän antaa todistuksensa usein yhdellä kolmesta yleisestä tavasta. Hän kommunikoi esimerkiksi:

◆ mielikuvan tai näkyvän vaikutelman kautta

Saatamme "nähdä", "tuntea", "kuulla" tai "aistia" jonkin Hengen ajatuksista. Tämän jälkeen meidän täytyy arvioida, onko tuo sisäinen mielikuva oman mielikuvituksemme, demonisen vaikutuksen vai jumalallisen ilmoituksen synnyttämää – tätä käsitellään osassa 8. Voimme oppia tunnistamaan Hengen "äänen" samoin kuin voimme oppia tunnistamaan kenen tahansa sellaisen henkilön äänen, jota emme kuulemisen hetkellä näe.

◆ sisäisen varoituksen kautta

"Tunnemme" tai "aistimme" Hengen antaman sisäisen varoituksen, ettei kaikki ole aivan kunnossa. Epämukava tunne saattaa tietenkin olla tunnistamaton ennakkoluulo tai sillä voi olla yksinkertainen fyysinen selitys, mutta se voi myös olla Hengen tapa varoittaa henkeämme ja "käskeä" meitä odottamaan.

Myös tällaiset tuntemukset täytyy "koetella" tai

Jumalan tahto

"arvostella", ennen kun niiden pohjalta aletaan toimia.

◆ sisäisen vapautuksen kautta.

Saamme sisäisen rauhan tai rohkaisun tunteen jonkin valinnan tai päätöksen suhteen. Emme pysty selittämään tätä "tunnetta" järjellämme, mutta aistimme hengessämme, että Jumala tekee työtään ja että tuo tunne on jotenkin tullut häneltä.

Tällainen tunne voi olla toiveajattelua, inhimillistä innostusta, luonnollista optimismia tai jumalallista rohkaisua. Meidän täytyy siis oppia tunnistamaan Hengen tapa kommunikoida kanssamme, niin että osaamme erottaa Jumalan ajatukset inhimillisistä tai demonisista ajatuksista.

Rhema-sana

Edellä havaittiin, että kreikan kielessä on kaksi "sanaa" tarkoittavaa sanaa. *Logos* viittaa Jumalan yleiseen Sanaan kaikille ihmisille, ja *rhema* on Jumalan tietty sana jollekin tietylle ihmiselle tai ihmisjoukolle.

Kun Henki "puhuu" Jumalan *rhema*-sanan henkeemme, hän käyttää ikään kuin jumalallista valonheitintä. *Rhema*-sanan avulla Jumala nostaa esiin yhden hänen kirjoituksista löytyvän yleisen Sanansa puolen ja paljastaa "nyt"-sanan, jolla on erityistä merkitystä juuri senhetkisessä tilanteessamme. Henki ottaa tämän *rhema*-sanan ja kommunikoi sen henkilökohtaisesti juuri meille.

Jumalan *rhema*-sana tulee meille Jumalan *henkäyksellä*, eikä ole väliä, tapahtuuko se saarnan kautta, Raamattua lukiessa tai jokapäiväisten askareiden keskellä.

Olivatpa olosuhteet mitkä tahansa, Henki tekee meidät yhtäkkiä tietoisiksi jostakin sanasta, lauseesta, Raamatun jakeesta, hengellisen laulun kohdasta, ajatuksesta, "sanomasta" tai muusta vastaavasta.

Jumalan kuunteleminen

Jokainen *rhema*-sana on aina täysin linjassa Jumalan henkilökohtaisen Sanan kanssa, hänen kirjoitetun Sanansa kanssa ja kaikkien muiden todellisten *rhema*-sanojen kanssa. Lisäksi jokainen rhema-sana korostaa jotakin tiettyä Jumalan yleisen Sanan puolta – sitä, mikä on hänen "nyt"-sanansa meille tuossa nimenomaisessa tilanteessa juuri tuolla nimenomaisella hetkellä.

Jumalalliset toiveet
Psalmin 37 jae 4 opettaa syvällisen ja vapauttavan hengellisen periaatteen, jonka mukaan Jumala usein ilmoittaa tahtonsa meille toiveidemme kautta. Jos syvin toiveemme on jumalallinen, voi hyvinkin olla, että se on Jumalan tahto.

On syytä ymmärtää, ettei Jumalan tahto aina ole jotakin päinvastaista kuin mitä me itse haluamme. Kun elämme Jumalan läsnäolossa, kun hän saa yhä enemmän johtaa ja hallita meitä ja kun hän saa uudistaa ajatteluamme, hänen toiveistaan tulee "luonnollisesti" myös meidän toiveitamme. Saamme huomata, että alamme haluta samoja asioita joita hänkin haluaa.

Jakeessa Ps. 37:4 asetetaan kuitenkin yksi tiukka ehto: meidän täytyy nauttia Herran hyvyyttä tai meillä täytyy olla ilo Herrassa (vrt. v. 1938 käännös). Kyseinen jae ei siis anna meille oikeutta jatkaa synnissä elämistä kunhan vain rakastamme Jumalaa. Kun sitä vastoin aidosti rakastamme Jumalaa, me rakastamme mitä *hän* rakastaa ja toivomme mitä *hän* toivoo.

Erityinen johdatus
Apostolien tekojen jakeissa 16:6–10 voitaisiin tehdä ero Paavalin kokeman Hengen yleisen todistuksen välillä jakeessa 7 ja Hengen erityisen yliluonnollisen johdatuksen välillä jakeissa 6 ja 9.

Raamatussa kerrotaan useista tapauksista, joissa Jumala ohjaa palvelijoitaan jollakin mahtavalla ja epätavallisella johdatuksen muodolla, kuten näkyjen tai enkeli-ilmestysten kautta. Näistä voidaan lukea esimerkiksi kohdissa 4. Moos.

Jumalan tahto

12:6; 2. Kun. 1:3–15; 1. Aik. 21:18; Jes. 6; Hes. 12:8; Dan. 7:1, 9:21 ja Sak. 1:8–9. On kuitenkin syytä ymmärtää, että nämä eivät ole Jumalan tavallinen tapa kommunikoida kanssamme, eikä meidän siksi myöskään pitäisi haikailla tällaisten kokemusten perään.

Koska Jumala toimii luovasti monin eri tavoin, hän "puhuu" joskus ihmeellisten yliluonnollisten kohtaamisten kautta, kuten kohdissa Ap. t. 9:4–6 ja 10:9–16. Meidän ei siis pitäisi sivuuttaa samankaltaisia kertomuksia nykyäänkään. Ne eivät kuitenkaan ole yleisiä, joten meidän on syytä epäillä sellaisia uskovia, jotka sanovat Jumalan aina puhuvan heille tällaisilla dramaattisilla tavoilla.

Pyhän Hengen lahjat

Kirjoissa *Hengen tunteminen* ja *Palveleminen Hengessä* opitaan, että Jumala on antanut erityisiä hengellisiä ilmestyksen lahjoja seurakunnalle, jotta me voisimme tuntea hänen tahtonsa. Kyseisissä kirjoissa myös tarkastellaan näitä lahjoja yksityiskohtaisemmin.

Profetoimisen lahja on erityisen oleellinen ajatellen "Jumalan kuuntelemista", ja sitä käsitellään osissa 6 ja 7. Kaikki profetoiminen – sekä henkilökohtainen että seurakunnassa tapahtuva – täytyy "punnita", "arvostella", "seuloa" ja "koetella", ja tätä tarkastellaan osassa 8. Profetia ei koskaan saa syrjäyttää kirjoitettua Sanaa tai olla sen kanssa ristiriidassa. Jos väitetyn profetian ja Raamatun välillä on jokin ristiriita, täytyy juuri profetia hylätä.

Eri aikoina seurakunnan historiassa on aina ollut kristillisiä ryhmiä, jotka ovat keskittyneet erityisesti henkilökohtaisiin profetioihin – aivan kuin ne olisivat se ratkaiseva ja lopullinen tapa, jolla Jumala kommunikoi kansansa kanssa. Henkilökohtaiset profetiat ovat kuitenkin vain yksi monista tavoista, joilla Jumala "puhuu", ja niiden rinnalla tulee säilyttää myös kaikki muutkin tavat, joilla hän ilmoittaa tahtonsa meille.

Jakeet 1. Tess. 5:19–21 selvittävät tämän asian raamatullisen tasapainon: emme saa koskaan suhtautua mihinkään

Jumalan kuunteleminen

profetiaan väheksyen, mutta meidän ei myöskään pidä hyväksyä mitään profetiaa varauksetta. Meidän tulee koetella kaikkea ja pitää profetian ne osat, jotka ovat hyvää.

Kuten havaitaan osassa 8, ei ole olemassa mitään hengellistä velvollisuutta, joka velvoittaisi meidät noudattamaan profetiaa, jonka paikkansapitävyyttä henkemme ei "todista". Yleisesti ottaen henkilökohtaisen ja seurakunnassa tapahtuvan profetoimisen:

- tulisi vahvistaa se, mitä jo etukäteen koemme Jumalan "sanovan"

- ei tulisi olla yritys manipuloida tai hallita muita uskovia

- tulisi olla yhdenmukaista sekä Raamatun että uudistetun maalaisjärjen kanssa.

Henkilökohtaista ja seurakunnassa tapahtuvaa profetoimista käsitellään osassa 7.

Hengen hedelmä

Kun vastaamme "evankeliumin kuuliaisuudella" mihin tahansa Pyhän Hengen työn osa-alueeseen, Pyhä Henki alkaa tuottaa erityistä "hedelmää" elämässämme, josta kerrotaan Galatalaiskirjeen jakeessa 5:22. Kun siis kuuntelemme Henkeä, hänen johdatuksensa vaikuttaa niiden luonteenpiirteiden kasvua, jotka ovat merkki siitä, että hän tekee työtään elämässämme.

Tämän vuoksi voimmekin kysyä itseltämme, tuottaako se johdatus, jota luulemme saavamme, – tai tuottaako se todennäköisesti joskus tulevaisuudessa – Hengen hedelmää. Silloinkin kun Jumala on hajottamassa omia inhimillisiä käsityksiämme ja vanhoja käyttäytymismallejamme, meidän tulisi kokea syvää ja kestävää rakkautta, iloa, rauhaa, kärsivällisyyttä ja niin edelleen.

Hengen hedelmä ei kuitenkaan pelkästään ole seurausta Jumalan Sanasta, joka tekee työtään elämässämme, se on myös yksi Jumalan antamista tavoista koetella saamiamme ilmoituksia.

Jumalan tahto

Edellä havaittiin, että tunne "sisäisestä rauhasta" on osa Hengen todistusta, jonka avulla kykenemme tunnistamaan Jumalan tahdon. Jokainen Hengen hedelmä on itse asiassa osa tätä sisäistä todistusta. Kun hedelmä siis kasvaa meissä, kykenemme yhä paremmin tunnistamaan Jumalan äänen ja ymmärtämään hänen tahtoaan.

Jumalallinen sielunhoito
Sielunhoito on tärkeä palvelemisen muoto, ja sitä käsitellään kirjassa *Palveleminen Hengessä*. Tämän palvelutyön todellisuuden – sekä sille Raamatussa annetun korkean arvostuksen – tulisi vakuuttaa meidät siitä, että Jumala ilmoittaa meille tahtonsa ja suunnitelmansa usein sitoutuneiden, Hengen voitelemien uskovien kautta.

Jakeiden Sananl. 12:15 ja 15:22 kaltaiset kohdat osoittavat, että meidän tulisi etsiä jumalallisia ja kypsiä kristittyjä – ja kuunnella heidän neuvojaan. Kuten kaiken johdatuksen kanssa, meidän tulisi kuunnella näiden kristittyjen neuvoja muttei ottaa niitä vastaan sokeasti. Kuten profetiat, nämäkin neuvot täytyy koetella ja niistä tulee pitää ne osat, jotka ovat hyvää – ja sitten toimia noiden hyvien ja jumalallisten osien pohjalta.

Opetuslapsina meidän tulisi olla valmiita alistamaan tahtomme kaikelle, mitä Jumala puhuu meille sielunhoitajien ja erilaisten neuvonantajien kautta. Meidän tulee kuitenkin pitää mielessämme Psalmin 1 jakeet 1–2 ja pitää huoli siitä, että saamamme neuvot ovat raamatullisia ja täysin samassa linjassa Jumalan Sanan kanssa.

Yhdenmukaisuuden periaate
Jumala ei "puhu" meille vain yhdellä tavalla, vaan hän vahvistaa Sanansa aina ilmoittamalla sen usealla eri tavalla. Jakeiden 5. Moos. 19:15 ja 2. Kor. 13:1 kaltaiset kohdat paljastavat ikuisen hengellisen *yhdenmukaisuuden* periaatteen – joka perustuu itse kolmiyhteisen Jumalan luonnolle.

Jumalan kuunteleminen

Jokainen ilmoitus on Isän tahdosta lähtöisin, Sanan puhumaa ja Hengen tuomaa, mutta näiden välillä ei koskaan ole ristiriitoja. Tämä on sen vuoksi, että – pohjimmiltaan – on vain yksi ilmoitus, nimittäin Jumalan ilmoitus itsestään.

Eri aikoina saatamme keskittyä enemmän Isän tahtoon tai enemmän Pojan sanoihin tai enemmän Hengen tekoihin, mutta meidän tulee tunnistaa, etteivät ne koskaan ole millään lailla ristiriidassa keskenään – ne täydentävät toisiaan täydellisesti.

Meidän ei siis tulisi odottaa, että Jumala lähettää meille kaksi tai kolme samankaltaista profeetallista sanaa johdattamaan ja ohjaamaan meitä. Sen sijaan meidän tulisi odottaa, että hän ilmoittaa sanansa meille kahdella tai kolmella erilaisella tavalla.

Emme saa koskaan olettaa, että profeetalliset ilmoitukset tulisivat Jumalalta meille jollakin määrätyllä tavalla. Hän päättää, kuinka hän puhuu, ja me kuuntelemme häntä hänen toimintaperiaatteidensa mukaisesti. Jokaisessa tilanteessa hän valitsee, puhuuko hän meille olosuhteiden, unen, saarnan, profeetallisen sanan tai jonkin Raamatun jakeen kautta – ja sitten hän vahvistaa ilmoituksensa ilmoittamalla tuon saman Sanan meille muilla täydentävillä tavoilla.

Jumala ei puhu ainoastaan profeetallisten sanojen, ainoastaan näkyjen, ainoastaan olosuhteiden tai ainoastaan jonkun tietyn Jumalan palvelijan kautta ja niin edelleen. Emme voi tietää, kuinka Jumala aikoo meille puhua, voimme ainoastaan olla varmoja siitä, että hän todella puhuu meille.

Meidän tulisikin siksi lakkaamatta kuunnella Jumalaa, olla aina täysin valppaina kuulemaan hänen sanansa ja tahtonsa. Aina kun koemme hänen johdatustaan, meidän tulisi rukoilla ja odottaa, että hän vahvistaa sanansa muillakin tavoilla – eikä pyrkiä itse kehittelemään jotakin, joka sopii *meidän* tahtoomme.

Jumalan tahdon täytyy toteutua Jumalan tavalla – hänen ajallaan ja hänen menetelmillään. Vaikka olisimmekin varmoja siitä, että jokin on hänen tahtonsa meitä varten, emme välttämättä ole varmoja siitä, kuinka ja milloin hän haluaa

Jumalan tahto

meidän täyttävän sen. Jokainen askel Jumalan tahdossa täytyy aina ottaa sillä erityisellä tavalla, joka hänellä on meitä varten varattuna. Jumala paljastaa tahtoaan usein vaiheittain, joten jokainen askelkin täytyy ottaa yksi kerrallaan. Tämän vuoksi Jumalan johdatuksen prosessista voidaankin puhua Jumalan sanan kuulemisena, hänen tahtonsa ymmärtämisenä ja hänen tapojensa tunnistamisena.

On kuitenkin väärin odottaa, että Jumala vahvistaisi jonkin sellaisen asian, jonka hän on jo ilmoittanut kirjoitetussa Sanassaan, tai selailla Raamattua jonkin sellaisen irrallisen jakeen löytämiseksi, jota voidaan käyttää vahvistamaan oma tuntemus. Kaikki johdatus on Raamatun alaista, ei toisin päin, siispä meidän täytyykin *kuunnella* Jumalan ääntä, ei pyrkiä manipuloimaan hänen Sanaansa.

Osa 5

Profeetallinen kuunteleminen Vanhassa testamentissa

Yksi tämän *Hengen miekka* -kirjasarjan teemoista on, että jokaisella uskovalla on pohjimmiltaan "profeetallinen" kutsumus. Kuten kirjoissa *Hengen tunteminen* ja *Palveleminen Hengessä* havaitaan, meidät on tarkoitettu olemaan aktiivisia kumppaneita Jumalan toiminnassa eikä passiivisia Jumalan katselijoita. Meidät on kutsuttu kulkemaan askel askeleelta Jumalan kanssa, puhumaan hänen sanojaan ja tekemään hänen tekojaan. Tulisikin olla selvää, että tämänkaltaisen kumppanuuden täytyy pohjautua Jumalan tarkkaavaiseen kuuntelemiseen sekä hänen Sanansa ja tahtonsa tarkkaan ymmärtämiseen.

Yleisen kristillisen profetian hyvä määritelmä on "kuulla tai nähdä, mitä Jumala puhuu, ja välittää se eteenpäin". Juuri tämä laaja tapa ymmärtää profetoimista paljastaa kaikkien uskovien yleisen "profeetallisen" kutsumuksen. Se myös näyttää toteen "Jumalan kuuntelemisen" ja kaikenlaisen kristillisen palvelemisen tai kaikkien kristillisten palvelutöiden välisen ehdottoman tärkeän linkin.

Monet nykyuskovat keskittyvät "puhumisen" puoleen ajatellessaan profetoimista. Ei kuitenkaan voi olla todellista profeetallista puhumista, ellei ensin ole ollut todellista profeetallista kuuntelemista – eikä voi olla profeetallista kuuntelemista, ellei ensin ole ollut profeetallista henkilökohtaista suhdetta Jumalan kanssa.

Profeetallinen kutsumus

Useimpia Vanhan testamentin profeettoja kutsuttiin "Jumalan miehiksi". Tähän kuvaukseen sisältyy ajatus

Jumalan kuunteleminen

läheisestä suhteesta, joka onkin profeetallisen kutsumuksen ytimessä.

Mooses oli ensimmäinen profeetta, jota kutsuttiin tällä nimellä, mutta hänen jälkeensä tuli myös monia muita, esimerkiksi kohdissa 5. Moos. 33:1; 1. Sam. 2:27, 9:6; 1. Kun. 13, 20:28, 25:7-9; 2. Kun. 4:7; 2. Aik. 25:7-9 ja Neh. 12:24.

Vanhan testamentin profeettoja kutsuttiin usein myös "palvelijoiksi". Vaikka ilmausta "Jumalan palvelija" käytetäänkin ainoastaan Mooseksesta, ilmauksia "hänen palvelijansa", "sinun palvelijasi" ja "minun palvelijani" käytetään lähes kaikista muistakin profeetoista. Kohdat 2. Kun. 17:13 ja Esra 9:11 havainnollistavat sitä läheistä palvelijan suhdetta, joka Vanhan testamentin profeetoilla Jumalan kanssa oli.

On sanottu, että laajassa mielessä nimi "Jumalan mies" viittasi siihen, kuinka profeettojen aikalaiset suhtautuivat profeettoihin, ja nimi "minun palvelijani" siihen, kuinka Jumala näki heidät. Annettiinpa tälle erottelulle arvoa tai ei, se nostaa kuitenkin esiin ne kaksi tärkeintä suhdetta, jotka jokaisella profeetalla oli: suhde Jumalaan ja suhde muihin ihmisiin.

Vanhassa testamentissa esiintyy kolme kreikan kielen sanaa, jotka kaikki on käännetty "profeetaksi". Näitä sanoja käytetään toistensa synonyymeinä.

Sanaan *nabi* sisältyy ajatus "kutsumuksesta". Se osoittaa, että profeetat ovat "Jumalan kutsumia" ja "kutsuttuja Jumalalle" – niin että he voivat "kutsua Jumalaa" ja "kutsua Jumalan puolesta".

Sanoihin *roeh* ja *hozeh* molempiin sisältyy ajatus "näkemisestä". Ne osoittavat, että profeetat "näkevät Jumalan", "näkevät, mitä Jumala on tekemässä", "näkevät inhimilliset tapahtumat Jumalan näkökulmasta" ja että "muut ihmiset voivat nähdä profeetat".

Nämä heprean kielen sanat välittävät profeetallisen kutsumuksen keskeisimmät ominaisuudet – olla Jumalan kutsuma, nähdä ja kuulla ne asiat, joita muut ihmiset eivät voi nähdä tai kuulla, ja kutsua ihmisiä Jumalan puolesta.

Profeetallinen kuunteleminen Vanhassa testamentissa

Profeetallisen kutsumuksen tarkoitus

Edellä havaittiin, että Jumala "puhuu" Sanansa pohjimmiltaan ilmoittaakseen *itsensä*. Tämän tähden tulisikin olla ilmeistä, että läheinen henkilökohtainen Jumalan tunteminen on profeetallisen kutsumuksen ytimessä. Jumala aina ilmoittaa itsensä ja "puhuu" meille, jotta me voisimme tuntea *hänet* – ja jotta me voisimme täyttää päätarkoituksemme miehinä ja naisina tässä elämässä.

Raamatussa Abraham on ensimmäinen henkilö, jota kutsutaan profeetaksi. Raamatusta voidaan myös löytää, kuinka hänen profeetalliseen palvelutyöhönsä johtanut läheinen henkilökohtainen "tunteva" suhteensa kasvoi ja kehittyi.

◆ Apostolien tekojen jakeet 7:1-2 kertovat, kuinka Jumala ensimmäisen kerran ilmestyi Abrahamille ja puhui tälle.

◆ Jesajan kirjan jae 41:8 osoittaa, että Abrahamista tuli tämän jälkeen Jumalan ystävä.

◆ 5. Mooseksen kirjan jakeissa 18:17-21 kerrotaan, kuinka Jumala sitten alkoi ilmoittaa aikomuksiaan ystävälleen.

Edellä mainitut kaksi periaatetta – että profeetalliset ilmoitukset on pohjimmiltaan tarkoitettu Jumalan tuntemiseksi ja että nämä ilmoitukset annetaan pääasiassa läheisessä suhteessa – voidaan havaita esimerkiksi kohdissa 1. Sam. 3:7; Jes. 50:4-5; Aam. 3:7; Dan. 9:23, 10:11 ja Joh. 13:21-26.

Tästä voidaan päätellä, että meidän profeetallinen kutsumuksemme on ensisijaisesti kutsu läheiseen suhteeseen Jumalan kanssa. Sen jälkeen hän ilmoittaa sydämensä salaisuudet – taakkansa, ilonsa, toiveensa, aikeensa ja ohjeensa – niille, jotka ovat olleet kuuliaisia hänen kutsulleen ja jotka kuuntelevat erityisen tarkkaavaisesti.

Kutsumus

Vanhan testamentin profeetat eivät itse voineet kutsua itseään Jumalalle: heidän täytyi saada kutsunsa Jumalalta. Kuten aina, aloite on selkeästi yksin Jumalalla.

Jumalan kuunteleminen

Kaikki Raamatun eri selonteot profeetallisista kutsumuksista paljastavat Jumalan kutsun luontaisen voiman. Jumalan kutsumien ihmisten täytyi joko jättää kesken se, mitä he olivat tekemässä, ja alkaa kuunnella Jumalaa, tai päättää olla tottelematta Jumalan Sanaa ja tahtoa. Tämä havaitaan esimerkiksi kohdissa 2. Moos. 3:1–10; 1. Sam. 3:1–21; 1. Kun. 19:16, 19:19–21; 2. Kun. 2:9–15; Jes. 6:1–9; Jer. 1:4–10; Hes. 1, 2:3; Hoos. 1:2; Aam. 7:14–15 ja Joona 1:1.

Tutkijat korostavat usein niitä yleisiä kaavoja, jotka ovat ilmeisiä Vanhan testamentin profeetallisille kutsumuksille. Ensin on yleensä jokin hätä tai suuria vaikeuksia sisältävä tilanne, jossa Jumala kohtaa henkilön, josta on määrä tulla profeetta. Seuraavaksi Jumala käskee tuota henkilöä tehdä jonkin profeetallisen teon tai välittää profeetallisen sanoman. Tässä vaiheessa profeetta saattaa esittää vastalauseita saamastaan tehtävästä – vastalauseita, jotka yleensä liittyvät hänen omaan riittämättömyyteensä suorittaa tehtävä uskollisesti. Jumala kuitenkin lupaa apunsa ja johdatuksensa. Tämän jälkeen tehtävän vahvistukseksi annetaan vielä jokin merkki, johon liittyy usein myös tehtävän sisällön tarkka ilmoittaminen. Tämä havaitaan esimerkiksi Jeremian kirjan jakeissa 1:3–19.

Vanhan testamentin profeetallisen kutsumuksen päätarkoitus oli kuitenkin kutsua mies tai nainen pyhän Jumalan läsnäoloon – ja vasta toissijainen tarkoitus oli lähettää hänet suorittamaan jumalallista tehtävää. Vasta kun henkilö oli seissyt Jumalan edessä ja kuunnellut hänen Sanaansa, hän pystyi seisomaan miesten ja naisten edessä maailmassa. Tämä havaitaan erityisen selvästi Mooseksen elämästä esimerkiksi kohdissa 2. Moos. 3:4–10, 33:11, 34:34–35; 4. Moos. 12:1–8 sekä 5. Moos. 5:4 ja 34:10.

Kun profeetat olivat kuuliaisia kutsulleen ja astuivat Jumalan läsnäoloon, heidän tehtävänsä oli yksinkertaisesti vain kuunnella Jumalaa, kun hän kuiskasi salaisuuksiaan. Kuten edellä todettiin, Jumala ei koskaan tee mitään ilman, että olisi ensin ilmoittanut aikeensa palvelijoilleen, profeetoille. Tämän

Profeetallinen kuunteleminen Vanhassa testamentissa

tulisi auttaa meitä ymmärtämään, kuinka suurta merkitystä kuuntelemisella onkaan kumppanuudessamme Jumalan kanssa.

Vasta kun profeetat olivat olleet kasvotusten Jumalan kanssa ja kuulleet hänen Sanansa ja *erityisen* tahtonsa, heidät lähetettiin tiettyihin tilanteisiin tietyn sanoman kanssa. Tämä havaitaan kohdissa 1. Kun. 22; Jer. 23:22 ja Aam. 3:7.

Profeetallinen tehtävä

Kuuntelemisen jälkeen Vanhan testamentin profeettojen tärkein tehtävä oli puhua *Jumalan* sanoja. Heidän täytyi toimia sen pohjalta, mitä olivat kuulleet. Tämä havaitaan kohdissa 2. Moos. 3:14, 4:13–17, 6:28–7:2; Jer. 1:9 ja Jes. 6:6–7.

1. Jumalan sanojen puhuminen

Profeetallisen sanoman pääpaino oli aina "sovinnon tekemisessä Jumalan kanssa". Profeetat antoivat varoituksia tulevasta ja vahvistivat ne kertomalla esimerkkejä siitä, kuinka Jumala oli toiminut menneisyydessä. He kutsuivat jumalattomat tekemään parannusta maalaamalla kuvan tulevasta vihasta. He julistivat Jumalan vihaa yksilöitä ja kansoja kohtaan ja pyrkivät tuomaan tervettä jumalanpelkoa kaikkiin tilanteisiin.

Mitä tulee Vanhan testamentin profeettojen sanomaan, sovinto Jumalan kanssa oli mahdollista vain, jos ihmiset tulivat tietoisiksi Jumalan pyhästä vihasta ja jos heillä oli oikea asenne häntä kohtaan. Valtaosa Vanhan testamentin profetioista on näitä "sovinto"-profetioita. Kohdat Aam. 5; Sef. 1:14–2:3 ja Hoos. 5 ovat tyypillisiä tämänkaltaisia profetioita.

Toisinaan profeetat puhuivat tulevista siunauksista ja kutsuivat jumalisia ihmisiä vielä suurempaan pyhyyteen – kuten Jesajan kirjan jakeissa 2:2–5. He haastoivat Jumalan kansaa elämään kutsumuksensa mukaan. Tämä on vain toinen tapa ilmaista sama "sovinnon tekeminen Jumalan kanssa" -sanoma.

Jumalan kuunteleminen

2. Jumalan myötätunnon ilmoittaminen
Mooses oli Vanhan testamentin ylin profeetta, ja hänen jumalallista innoitustaan oleva moraalin ja sosiaalisen oikeudenmukaisuuden painotuksensa kulkee läpi juutalaisen lain, esimerkiksi kohdissa 3. Moos. 19:9–18 ja 5. Moos. 23:15–25.

Myöhemmät profeetat toivat myös esiin tätä samaa Jumalan myötätuntoa. Tämä havaitaan esimerkiksi kohdissa 2. Aik. 28:9–15, Aam. 2:6–7, 4:1–3 ja 8:4–8.

3. Jumalan tietämyksen tarjoaminen
Profeettoja kutsuttiin Israelissa usein näkijöiksi, sillä he tarjosivat ihmisille Jumalan tietämystä, hänen näkökulmiaan, sekä tulevaisuudesta että ajankohtaisista tilanteista. Tämä havaitaan esimerkiksi kohdissa 5. Moos. 18:22 ja Jes. 1:7–9.

Profeetat muistuttivat ihmisiä jatkuvasti siitä, mitä Jumala oli tehnyt, ja käyttivät tätä tietämystä menneistä tapahtumista ilmoittamaan Jumalan luonnon. Tämän perusteella he sitten myös ilmoittivat, mitä Jumala tulisi tekemään. Tämä ei ollut innoitettua arvailua vaan jumalallista ilmestystietoa. Profeetat eivät laatineet ennusteita, he profetoivat, eli he puhuivat sitä, minkä olivat kuulleet Jumalan sanovan heille hetkissä, joissa he kuuntelivat häntä, ja sitä, minkä he tiesivät hänen muuttumattomasta luonteestaan jumalasuhteensa pohjalta.

Erityisesti profeetat kutsuivat ihmisiä kääntymään pois väärien jumalien luota ja tulemaan ainoan todellisen Jumalan luo. He tekivät tätä muistuttamalla ihmisiä siitä, kuinka Jumala oli menneisyydessä kohdellut niitä, jotka olivat lakanneet palvomasta yksin *Jahvea*. Tämä havaitaan kohdissa Jes. 41:21–23 ja 45:20–22.

Toisinaan profeetat ilmoittivat samassa yhteydessä ja samoilla sanoilla sekä lähitulevaisuuden tapahtumia että tapahtumia, jotka olivat edessä vasta esimerkiksi 1 000 vuoden kuluttua.

Viidennen Mooseksen kirjan jakeessa 18:15 Mooses rauhoitteli kansaa siitä, mitä hänen kuolemansa jälkeen

Profeetallinen kuunteleminen Vanhassa testamentissa

tapahtuisi. Hän tarkoitti Joosuaa puhuessaan "veljienne joukosta" nousevasta profeetasta, mutta tämä on *myös* ennustus toisesta *"Jeshuasta"*, joka tulisi Nasaretista noin 1 500 vuotta myöhemmin. Jesajan kirjan jae 7:14 on toinen esimerkki tämänkaltaisesta "tietämys"-profetiasta – tai "nyt ja sitten"-profetiasta.

Jotkin profeetat olivat ratkaisevassa asemassa kansallisissa tapahtumissa, ja ensimmäiset kaksi kuningasta, Saul ja Daavid, olivat myös profeettoja. Heidän ajoistaan eteenpäin voideltu kuningas ja voideltu profeetta olivat aina läheisesti yhteydessä toisiinsa.

Joskus kuningas kysyi profeetalta, jos hän halusi tietää Jumalan ajatukset tai saada jumalallisia neuvoja – kuten kohdissa 1. Kun. 14:1–18; 2. Kun. 6:21–23, 8:7–8 ja 2. Aik. 34:22–28. Toisinaan taas profeetat lähetettiin vastustamaan hallitsijaa Jumalan antamalla sanomalla – kuten kohdissa 1. Kun. 11:29–39, 13:1–10 ja 18:1–2. Tämä muistuttaa meitä siitä, että Jumala "puhuu" elämän kaikista osa-alueista, ei vain elämän "hengellisistä" puolista.

4. Jumalan tekojen ilmoittaminen
Jumalan palvelijat, profeetat, ovat ainoita ihmisiä Vanhassa testamentissa, joiden kerrotaan liittyneen ihmeiden tekemiseen – tunnustekoihin, ihmeisiin ja parantumisiin. Näitä kaikkia esiintyy usein profeetallisessa palvelutyössä.

Vain ne miehet ja naiset, jotka on voideltu Jumalan Hengellä, voivat olla Jumalan tekojen "tekijöitä". Tämä havaitaan esimerkiksi kohdissa 1. Moos. 20; 4. Moos. 12; 1. Kun. 13, 17:7–24; 2. Kun. 4:8–37, 20:1–11; 2. Aik. 25:5–16 ja Jer. 38:14–28.

Kuten todetaan kirjassa *Palveleminen Hengessä*, tässä on kyse kumppanuudesta Jumalan kanssa, ei henkilökohtaisesta kyvystä tehdä ihmeitä. Meidän erityinen vastuualueemme on kuunnella Jumalaa – ja puhua hänen sanojaan ja noudattaa hänen ohjeitaan. Jumala tekee ihmeen, profeetat vain ilmoittavat, minkä ovat kuulleet Jumalan "sanovan" läheisen suhteensa yksityisissä hetkissä.

Jumalan kuunteleminen

5. Jumalan rukoileminen muiden puolesta
Ensimmäisen Mooseksen kirjan jakeessa 20:7 Abrahamista, ensimmäisestä profeetasta, sanotaan, että hän pystyy menestyksekkäästi rukoilemaan Jumalaa – ja saamaan näin muutosta aikaan. Esirukouksella on keskeinen osa profeetallisessa kutsumuksessa, sillä juuri profeetat ovat niitä, jotka kutsuvat Jumalaa, huutavat hänen puoleensa ja jotka on kutsuttu Jumalan läsnäoloon saamaan opastusta.

Jakeessa 2. Moos. 18:19 kerrotaan Jetron ehdotuksesta, jonka mukaan Mooseksen pitäisi tehdä esirukouksesta ensisijainen tehtävänsä. Jae 4. Moos. 27:5 osoittaa, että Mooses myös toimi tämän neuvon mukaan.

Vanhan testamentin profeetat tultiin yhä uudestaan ja uudestaan tuntemaan niin tehokkaina esirukoilijoina, että kuninkaat usein anelivat heitä rukoilemaan Jumalaa puolestaan. Tämä havaitaan esimerkiksi kohdissa 1. Kun. 13:6; 2. Kun. 19:4 ja Sak. 7:1–3.

Profeetallinen innoitus
Tulisi olla selvää, että profeettojen täytyi saada innoituksensa Jumalalta, että he kykenivät toimimaan profeetallisesti. Heidän täytyi kuunnella tarkkaavaisesti saadakseen hänen tietämystään ja ohjeistustaan. Profeetallinen kuunteleminen tulee *aina* ennen profeetallista puhumista ja profeetallisia tekoja.

Vanhassa testamentissa kerrotaan, että profeetat saivat johdatusta tai innoitusta pääsääntöisesti joko "Jumalan Sanasta" tai "Jumalan Hengeltä". Voitaisiin sanoa, että jotkut profeetat, esimerkiksi Mooses, olivat pääsääntöisesti "Sanan innoittamia" profeettoja, kun taas toiset, kuten Elia, olivat pääsääntöisesti "Hengen innoittamia" profeettoja. Tätä ei kuitenkaan pidä ylikorostaa.

Herran Sana
Vanha testamentti antaa ymmärtää, että Herran Sanalla oli voimakas vaikutus profeettoihin. Tämä on erityisen selvää

Profeetallinen kuunteleminen Vanhassa testamentissa

Aamoksen kirjan jakeessa 3:8. Raamatussa käytetään usein ilmausta "Herran Sana tuli jollekin", ja tämä korostaa sekä Sanan elävää luontoa että sen jumalallista alkuperää.

Ilmauksen "tuli jollekin" parempi käännös olisi joko "tuli aktiivisesti läsnä olevaksi jollekin" tai yksinkertaisemmin sanottuna "oli jollekin". Sakarjan kirjan jakeessa 1:1 vaikuttaa siltä, että Jumalan Sanan "tuleminen" kesti suurimman osan kahdeksatta kuukautta, kun taas Sakarjan kirjan jakeessa 1:7 Sana tulee 11. kuukauden 24. päivänä. Tämän perusteella voidaan päätellä, että Jumalan Sanan tuleminen voi viitata ajan myötä kasvavaan sisäiseen tietoisuuteen Jumalan tietystä sanomasta kuten myös välittömämpään tietoisuuteen Jumalan äänestä.

Koska Jumalan Sana, kuten Jumalakin, on ääretön, ikuinen ja aina kanssamme, Jumalan Sanan tuleminen voi korostaa totuutta, joka jo tiedetään, tai se voi paljastaa jotakin, jota ei aiemmin tiedetty.

Joskus Jumalan Sana tuli profeetoille dramaattisena yliluonnollisena kokemuksena – kuten kohdissa Jes. 6:1–10 ja Hes. 1:1–3. Toisinaan se kuitenkin tuli tavallisten tapahtumien asiayhteydessä, kuten niin, että nähtiin mantelipuu tai kaksi viikunakoria tai että vierailtiin työpajalla tai rakennustyömaalla – kuten kohdissa Jer. 1:11, 18:1–4, 24 ja Aam. 7:7.

Nämä tapahtumat osoittavat, että Jumala "puhui" Sanansa kuunteleville palvelijoilleen läheisen yhteyden yksityisyydessä ja näiden palvelijoiden jokapäiväisessä elämässä – sekä tavallisilla sanoilla, jotka he ymmärsivät ja kykenivät helposti välittämään eteenpäin.

Herran taakka

Habakukin kirjan jakeessa 1:1 viitataan Jumalan *massaan*. Suomalaisissa käännöksissä tästä on käytetty sanoja "ennussana", "ennustus" tai "sanoma", mutta sanatarkasti se tarkoittaa "raskasta kantamusta" tai "taakkaa". Siihen sisältyy ajatus, että Jumala antaa profeetan tuntea niiden tunteiden

Jumalan kuunteleminen

painon tai voimakkuuden, joita hänellä jostakin tietystä asiasta on.

Jesaja tunsi usein Herran taakan muista kansoista – kuten kohdassa Jes. 13–23 –, ja Jeremian kirjan jakeissa 23:33–40 väärät profeetat nimetään yhdeksi Herran taakaksi. Myös tässä kyseessä vaikuttaa olevan profeetan hengessä kasvava tietoisuus, joka kehittyy läheisessä yhteydessä ja tarkkaavaisessa kuuntelemisessa.

Herran Henki

Vanhassa testamentissa esitetään, että Hengen ja profetoimisen välillä on erittäin vahva linkki. Tämä havaitaan esimerkiksi kohdissa 4. Moos. 11:29; 1. Sam. 10, 19:18–24; Miika 3:8 ja Joel 2:28.

On selvää, että Vanhassa testamentissa Hengen voitelu sai yleensä aikaan jumalallista profetoimista. Tällöin kyseessä vaikuttaisi yleensä olleen välittömämpi innoitus julistaa juuri tuolla kyseisellä hetkellä.

Unet, näyt ja enkelit

Vanhan testamentin profeetat saivat usein innoitusta näyistä päiväsaikaan ja unista yöaikaan. Tämä havaitaan esimerkiksi kohdissa 4. Moos. 12:6; Jes. 6; Hes. 12:8; Dan. 7:1 ja Sak. 1:8. Joskus sanotaan, että Jeremian kirjan jae 23:28 opettaa, ettei unia voida pitää Herran sanan vahvistamisen keinona. Kyseinen jae puhuu kuitenkin vääristä profeetoista, ja jakeessa 31:26 näyttää erehdyttävästi siltä, että Jeremiakin sai Jumalan sanan unen kautta.

Unien ja näkyjen lisäksi Raamatussa mainitaan muutamia esimerkkejä siitä, että profeettojen luo lähetettiin enkeleitä: 2. Kun. 1:3–15; 1. Aik. 21:18; Dan. 9:21 ja Sak. 1:9 ovat ainoat tällaiset kohdat. Näiden esimerkkien vähyys voi johtua siitä, että profeetallinen kutsumus perustuu läheiseen, "kasvoista kasvoihin" -suhteeseen Jumalan itsensä kanssa, tai toisaalta siitä, että enkeleillä ja profeetoilla on Jumalan sanansaattajina hyvin samankaltaiset tehtävät.

Profeetallinen kuunteleminen Vanhassa testamentissa

Profeetallinen palvelutyö

Vaikka kaikki Vanhan testamentin profeetat saivatkin innoituksensa samalta Jumalalta, *Jahvelta*, heillä jokaisella oli oma erityinen tapansa palvella. Jesaja on esimerkiksi yhtä erilainen verrattuna Hesekieliin kuin Rembrandt on verrattuna Picassoon. Sanat olivat Jumalan, mutta ne olivat myös inhimillisiä. Profeetallinen palvelutyö on aitoa kumppanuutta herran ja palvelijan välillä – jotka samalla ovat myös erittäin läheisiä ystäviä.

Profeetalliset sanat

Vanhan testamentin profeetat tiesivät, että he olivat ainoastaan Jumalan suu: he vain välittivät eteenpäin ilmoituksen, jonka olivat saaneet profeetallisen kuuntelemisensa kautta.

Jumalallinen innoitus ei kuitenkaan ole sama asia kuin jumalallinen sanelu. Profeetat saivat aina *rhema*-"ydinasian" suoraan Jumalalta, mutta he värittivät ja maustoivat tuota "ydinasiaa" omilla persoonallisuuksillaan, taustoillaan ja kulttuurillaan.

Sen jälkeen he puhuivat "väritetyn ja maustetun Sanan" moninaisilla eri inhimillisillä tyyleillä. Mikään yksittäinen kommunikointitapa ei aina ollut oikea, vaan profeetat käyttivät aina sellaista tapaa, joka sopi parhaiten juuri niille ihmisille, joille sanoma oli tarkoitettu.

Vanhassa testamentissa voidaankin havaita, että profeetat käyttivät esimerkiksi tarinoita, proosaa, vertauksia, suoraa puhetta, satiiria, psalmeja, valitusvirsiä, saarnoja ja niin edelleen.

Missä muodossa profeetat sanansa toivatkaan esiin, he eivät koskaan puhuessaan ilmaisseet inhimillisiä mielipiteitä. Sen sijaan he puhuivat ilmauksen, joka sai aikaan muutosta – minkä he ilmoittivat, se myös aina tapahtui.

Jesajan kirjan jakeet 40:6–8 ja 55:11 paljastavat profeetallisen puhutun sanan valtavan voiman, ja tätä käsitellään toistuvasti kirjassa *Paleleminen Hengessä*.

Jumalan kuunteleminen

Profeetalliset elämät

Kuten edellä todettiin, profeettojen kutsumus ei ole ensisijaisesti toimia jumalallisena suuna, vaan elää läheisessä, "tunnettu ja tunteva" -suhteessa pyhän Jumalan kanssa. Tämä tarkoittaa, että profeettojen elämät olivat aivan yhtä tärkeässä osassa Jumalan ilmoittamisessa kuin heidän sanansakin.

Raamattu tekee selväksi, että Hoosean onneton avioliitto oli voimakas vertauskuva, että Jeremian elämä oli tinkimätön opetus, että Hesekiel oli merkki Israelin huoneelle ja että Jesaja ja hänen lapsensa olivat merkkejä ja enteitä.

Se miten profeetat elivät, julisti Jumalan oikeudenmukaisuuden ja sovinnon sanomaa aivan yhtä voimallisella tavalla kuin heidän sanansakin: he eivät turhaan olleet "Jumalan miehiä": Tämä havaitaan esimerkiksi kohdissa Jes. 8:18; Jer. 16; Hes. 4:3, 12:6, 24:24 ja Hoos. 1:3.

Profeetalliset teot

Jotkut Vanhan testamentin profeetat käyttivät vertauskuvallisia ja dramaattisia tekoja keinona välittää Jumalan Sana heidän ympärillään oleville ihmisille – esimerkiksi kohdissa 2. Moos. 17:9; Jer. 19:1,10,11 ja Hes. 4:1-3.

Nämä eivät olleet "visuaalisia apukeinoja", vaan profeetallisia tekoja, jotka jo itsessään julistivat sitä, mitä profeetat olivat kuulleet Jumalan sanovan.

Kuten edellä todettiin, profeetalliset teot olivat monesti yliluonnollisia merkkejä ja ihmeitä. Vanhassa testamentissa itse asiassa kerrotaan, että ainoastaan voidellut profeetat toimivat Jumalan kumppaneina ihmeissä ja parantumisissa. Mooseksen, Elian ja Elisan elämät sisältävät monia kuuluisia esimerkkejä tästä, mutta 1. Kuningasten kirjan jakeet 13:1-10 osoittavat, että Jumala käytti myös muita profeettoja.

Väärät profetiat

On tärkeää ymmärtää, ettei Raamatussa esitellä testiä, joka paljastaisi väärän profetian. Sen sijaan siinä on kerrottu useita

Profeetallinen kuunteleminen Vanhassa testamentissa

periaatteita, joiden avulla väärät profeetat voidaan erottaa todellisista profeetoista.

Tästä voidaan päätellä, että meidän tulisi pikemminkin keskittyä profetoimisen perustukseen – kuuntelevaan, läheiseen suhteeseen Jumalan kanssa – kuin profeetallisiin sanoihin ja tekoihin.

Vääriä profeettoja ja profeetallisten ilmoitusten arvostelemista käsitellään osassa 8. Tässä kohtaa voidaan kuitenkin todeta, että Mooses tarjoaa kaksi testiä kohdissa 5. Moos. 13:1–5 ja 5. Moos. 18:21–22.

Mooses opettaa, että väärät profeetat voidaan tunnistaa siitä, että:

- ◆ heidän ennakoivat profetiansa eivät toteudu (päinvastainen ei kuitenkaan välttämättä ole totta: toteutuminen ei todista profetian aitoutta)

- ◆ he eivät kutsu ihmisiä seuraamaan yhtä todellista Jumalaa vaan muita jumalia.

Jeremian kirjan jakeissa 23:9–40 ja Hesekielin kirjan jakeissa 12:21–14:11 kerrotaan vielä kolme muutakin testiä:

- ◆ Heidän elämäntapansa on moraaliton.

- ◆ He eivät huomauta muiden moraalittomuudesta.

- ◆ He vaativat rauhaa, mutta jättävät kokonaan mainitsematta rauhaan vaadittavat moraaliset ja hengelliset edellytykset.

Kirjassa *Palveleminen Hengessä* selvitetään, että aidot vanhatestamentilliset profetiat ovat perimmäinen perustus, jolle kaiken, miten nykyajan palvelemista ymmärretään, täytyy rakentua. Nyt voidaankin siis ymmärtää, että profeetallinen kuunteleminen on ehdottoman perustavanlaatuista kaikelle raamatulliselle profetoimiselle – ja sen myötä myös kaikille muille kristillisen elämän osa-alueille.

Kun tässä kirjassa pikku hiljaa ymmärretään yhä uusia puolia "Jumala puhuu / uskovat kuuntelevat" -prosessista, tähän vanhatestamentilliseen profeetalliseen perustukseen

Jumalan kuunteleminen

palataan samalla yhä uudelleen. Emme kuuntele Jumalaa saadaksemme nauttia miellyttävän kuuloisesta äänestä. Me kuuntelemme häntä, jotta pääsisimme syvemmälle hänen elämäänsä – ja jotta meidät sitten voitaisiin lähettää hänen Sanansa kanssa seurakuntaan ja maailmaan.

Kaikkeen profeetalliseen kohdistuva vastustus

Vanhassa testamentissa kerrotaan myös profeetallisen palvelutyön kohtaamasta vastustuksesta. Esimerkiksi Elia – yksi Vanhan testamentin tunnetuimmista profeetoista – oli Jumalan kutsuma ja voitelema, mutta hän kohtasi valtavaa hengellistä vastustusta profeetallisessa palvelutyössään, kaikkein merkittävimmin kuningatar Isebelin, hyvin monia Jumalan profeettoja surmanneen kuningas Ahabin vaimon, taholta.

Voidellut, profeetalliset sanat ja teot ovat vakava uhka paholaisen voimille, ja ne vastaavatkin niihin aina raivolla. Elian profeetallinen toiminta herätti niin kutsutun "Isebelin hengen" vihan, ja hänen täytyi kohdata tuon hengen raivo sen kaikessa voimassa. Paholainen vihaa Jumalan profeetallista kansaa, ja tämän vuoksi hän on antanut yhdelle kaikkein hirvittävimmistä valloistaan pahuutta huokuvan vastuutehtävän järjestää pahuuden voimat Jumalan kansaa vastaan.

"Isebelin henki" on sama paha henki, joka nykyään keskittyy estämään Jumalan kansaa toimimasta tehokkaasti profeetallisessa roolissaan seurakunnassa ja maailmassa. Nykyseurakunnan täytyy olla erittäin tietoinen tästä hengellisestä vastustuksesta ja nousta Pyhän Hengen voimassa, kuten Eliakin nousi. Elia asettui vastatusten aikansa väärien jumalien ja väärien profeettojen kanssa, kutsui ihmisiä palaamaan Jumalan luo ja lopulta mursi kuningatar Isebelin vallan kansasta.

Osa 6

Profeetallinen kuunteleminen Uudessa testamentissa

Edellä havaittiin, että kohdassa 5. Moos. 18:14-20 Mooses valmisteli profeetallisesti Israelin kansaa Joosuan johtajuuteen ja että – *noilla samoilla sanoilla* – hän myös profeetallisesti ilmoitti, että Jumala lähettäisi eräänä päivänä toisen profeetan, joka olisi hänen itsensä kaltainen.

Kun Jeesuksen aika tuli, juutalaiset siis odottivat, että heidän tuleva Messiaansa olisi toinen Mooses – että hän olisi toinen profeetta, jolle Jumala ilmoittaisi itsensä yhtä läheisesti kuin Moosekselle kohdassa 4. Moos. 12:6-8. Toinen palvelija, joka toisintaisi – suuressa mittakaavassa – Egyptistä lähdön ihmeelliset tapahtumat.

Kun papit ja leeviläiset tulivat esittämään kysymyksiä Johannes Kastajalle kohdassa Joh. 1:19-25, he halusivat kiihkeästi tietää, oliko Johannes "tuo Profeetta" – se, josta Mooses oli profetoinut 5. Mooseksen kirjan jakeissa 18:15-20. Apostolien tekojen jakeissa 3:22-24 Pietari taas osoittaa, että hän uskoi Jeesuksen olevan tämä kauan odotettu ylin profeetta.

Vaikka suurin osa tuon ajan ihmisistä ei uskonut, että Jeesus oli jumalallinen, ja vain harvat ymmärsivät hänen olevan Messias, monet juutalaiset tunnistivat, että Jeesus oli "eräs" profeetta – jos ei kuitenkaan "se" profeetta. Voidaan esimerkiksi havaita, että:

- ◆ Kleopas ymmärsi Jeesuksen olevan profeetta niiden asioiden vuoksi, joita hän sanoi ja teki – Luuk. 24:19

- ◆ samarialainen mainen Jaakobin kaivolla ymmärsi Jeesuksen olevan profeetta, kun Henki kertoi

Jumalan kuunteleminen

    Jeesukselle naisen aviomiehistä – Joh. 4:18

- ihmisjoukko otti Jeesuksen vastaan profeettana, kun hän ruokki viisituhatta miestä – Joh. 6:14
- se myös otti hänet vastaan profeettana, kun hän ratsasti aasilla Jerusalemiin – Matt. 21:11
- Jeesuksen vastustajat viittasivat Jeesukseen profeettana kiistellessään Nikodemoksen kanssa – Joh. 7:52
- vaikuttaa siltä, että Jeesus piti itseään profeettana – Matt. 13:57.

Jeesus, "se" profeetta

Jeesus oli sekä kohtien 4. Moos. 12:6–8 ja 5. Moos. 18:14–17 "se" suuri profeetta että "se" profeetallinen kärsivä Jumalan palvelija, joka täytti täydellisesti Jesajan kirjan neljä profeetallista laulua (kohdissa 42:1–9, 49:1–7, 50:4–11 ja 52:13–53:12).

    Voidaan sanoa, että koko maallisen elämänsä ja palvelutyönsä ajan Jeesuksessa voitiin nähdä kaikki ne merkit, jotka ovat tyypillisiä erityiselle profeetalle.

Hän tunsi Jumalan

Vanhan testamentin profeetat olivat lähellä Jumalan sydäntä, mutta Johanneksen evankeliumin jae 1:18 osoittaa, että Jeesus oli kaikista lähimpänä Isän sydäntä.

    Vaikka profeetat jakoivatkin Jumalan salaisuudet, Matteuksen evankeliumin jae 11:27 vihjaa sen asteisesta läheisyydestä, joka oli jopa suurempaa kuin mitä Mooseksella oli ollut. Profeetat tunsivat Jumalan ja ilmoittivat hänet elämänsä, sanojensa ja tekojensa kautta, mutta vain Jeesus tunsi ja ilmoitti Isän täydellisesti.

    Tiedämme, että Jeesus on Jumalan Poika, Jumalan Karitsa, Jumalan henkilökohtainen Sana, maailman valo ja niin edelleen. Juuri tämän vuoksi hän on Isä Jumalan suuri ja täydellinen

Profeetallinen kuunteleminen Uudessa testamentissa

profeetallinen ilmoittaja. Tätä käsitellään tarkemmin kirjoissa *Isän tunteminen* ja *Pojan tunteminen*.

Hän kuunteli ja totteli

Vaikka Johanneksen evankeliumissa Jeesuksen jumalisuudelle annetaankin paljon suurempi painoarvo kuin kolmessa muussa evankeliumissa, se on myös evankeliumi, jossa eniten painotetaan sitä tosiseikkaa, että Jeesus on täysin Isänsä arvovallan alla. Siinä tehdään selväksi, ettei Jeesus koskaan mennyt minnekään, tehnyt mitään, puhunut tai toiminut muuta kuin kuuliaisena vastauksena Isänsä aloitteeseen. Tämä havaitaan esimerkiksi Johanneksen evankeliumin kohdissa 4:34, 5:19, 5:30, 6:38, 7:28–29, 8:28–29, 10:18 ja 12:49–50.

Profeetallinen kuunteleminen ja evankeliumin kuuliaisuus olivat siis perustavanlaatuisia asioita Jeesuksen elämässä ja palvelutyössä. Hän on se, joka on "lähetetty" ja joka, kuten Vanhan testamentin profeetat, vastaa kuuliaisesti sekä kutsuunsa tulla Jumalan luo että niihin profeetallisiin toimeksiantoihin, jotka hän hengessään kuulee kuunnellessaan Jumalaa. Hän kuuntelee, tottelee ja toimii kuulemansa pohjalta.

Matteuksen evankeliumin jae 15:24 osoittaa, että Jeesus lähetettiin tarkasti rajatulle alueelle ainutlaatuisen profeetallisen kutsumuksen kanssa. Hänen oli määrä profetoida tietylle kansalle, tietyssä paikassa ja tietyn aikaa.

Profeetallisen toiminnan äkillinen ilmeneminen ja alkaminen – jota havaitaan esimerkiksi Elian ja Aamoksen kohdalla – toistuu myös Jeesuksen elämässä. Yhtenä päivänä hän oli puuseppä, jota kukaan ei ilmeisesti pitänyt mitenkään erityisenä, ja sitten hänet kutsuttiin, voideltiin julkisesti ja lähetettiin.

Vain kuusi viikkoa tämän jälkeen Jeesus jo paransi sairaita, ajoi ulos riivaajia ja puhui Jumalan voimallisia sanoja – sellaisella arvovallalla, joka hämmästytti kaikkia, jotka hänet kohtasivat.

Jumalan kuunteleminen

Hän puhui Jumalan sanoja

Edellä todettiin, että profeetat ovat Jumalan suu: he ilmoittavat *hänen* ajatuksiaan ja tietämystään, eivät omaansa. Johanneksen evankeliumin kohdat 12:49–50 ja 14:10 osoittavat, että Jeesus ei millään lailla pyrkinyt väittämään puheitaan omikseen. Kaikki hänen sanansa olivat sanoja, jotka Isä oli hänelle kertonut. Hänen profeetalliset sanansa perustuivat täysin hänen profeetalliselle kuuntelemiselleen.

Hän teki Jumalan tekoja

Jeesus ei kuitenkaan pelkästään puhunut, hän myös toimi. Hän oli Profeetta, joka oli "voimallinen sanoissa *ja* teoissa". Kuten monien hänen profeetallisten esivanhempiensa kohdalla oli totta, myös hänen sanansa saivat vahvistuksensa hänen teoistaan.

Jotkut uskovat ovat seurakunnan historiassa painottaneet ja puolustelleet Jeesuksen jumalisuutta niin vahvasti, että he ovat saaneet hänet näyttämään pitkälti epäinhimilliseltä. Tiedämme kuitenkin, että Jeesus oli *sekä* täysin Jumala *että* täysin ihminen.

Jeesuksen jumalisuuden ylikorostaminen voi luoda vaikutelman, että Jeesus paransi sairaita ja teki ihmeitä, *koska* hän oli Jumala. Jos tämä olisi totta, se herättäisi kuitenkin epäilyksiä Jeesuksen seuraajilleen antamia lupauksia kohtaan, joiden mukaan he tulisivat tekemään "suurempia tekoja" ja heitä "seuraisivat tietyt merkit".

Vanhan testamentin palvelija-profeetat toimivat Jumalan kumppaneina sairaiden parantamisessa, kuolleiden herättämisessä ja ihmeiden tekemisessä, koska heidät oli voideltu Jumalan Hengellä ja koska he kuuntelivat tarkkaavaisesti Jumalaa ja noudattivat tarkasti hänen ohjeitaan.

Samalla tavoin Jeesuskin teki Jumalan tekoja siksi, koska hän oli nöyrä ja palveleva ihminen, joka oli täynnä Jumalan Henkeä, kuunteli Isäänsä ja puhui ja teki vain sen, mitä hänen jumalallisten ohjeidensa mukaan oli määrä tehdä.

Profeetallinen kuunteleminen Uudessa testamentissa

Johanneksen evankeliumin jakeessa 9:17 köyhä kerjäläinen tunnisti Jeesuksen profeetaksi siitä, että tämä avasi hänen silmänsä. Kerjäläiselle tuo ihme oli todiste juurikin Jeesuksen profeetallisesta kutsumuksesta, ei hänen jumalisuudestaan.

Kuten kirjassa *Palveleminen Hengessä* todetaan, tämä tärkeä totuus merkitsee, että ihmeiden maailma on avoinna jokaiselle uskovalle, joka on voideltu Hengellä, joka jatkuvasti kuuntelee tarkkaavaisesti Jumalaa ja joka vastaa Jumalalle evankeliumin kuuliaisuudella.

Vanhasta testamentista löytyvä Hengen ja profetoimisen välinen linkki saa huipennuksensa Jeesuksen elämässä. Apostolien tekojen jakeissa 10:34–48 kerrotaan Pietarin puheesta Corneliuksen kodissa. Lainaamalla Jesajan kirjan jaetta 61:1 ja liittämällä sen Jeesukseen Pietari tekee selväksi, että ratkaiseva seikka oli juuri se, että Jeesus oli julkisesti voideltu Hengellä.

Jeesuksen kaste oli käänteentekevä hetki hänen elämässään. Kun hän nousi Jordanjoesta Matteuksen evankeliumin jakeissa 3:16–17, Henki laskeutui hänen päälleen. Tietenkin on totta, että Jeesus oli ollut *Christos,* Messias, "Voideltu" jo koko ikuisuuden ajan, mutta tuossa julkisen voitelun hetkessä Jumalan Poika erotettiin rakastetuksi, Hengen voitelemaksi profeetaksi – joka oli kutsuttu elämään erityisessä läheisyydessä Isän kanssa ja jolla oli ainutlaatuinen, palvelevia sanoja ja uhrautuvia tekoja sisältävä tehtävä.

Hän voiteli muita

Vanhassa testamentissa kerrotaan, että jotkut profeetat ilmoittivat, keitä Jumala oli valinnut palvelemaan kuninkaina ja profeettoina, ja voitelivat nämä sitten tehtäväänsä. Tämä havaitaan esimerkiksi kohdassa 1. Kun. 19:15–16.

Tämä sama malli toistuu myös Uudessa testamentissa, ja Johannes Kastaja esittelikin Jeesuksen profeetallisesti sinä henkilönä, joka kastaisi tai voitelisi ihmiset Pyhällä Hengellä. Tämä on niin olennainen totuus, että se on ainoa tapahtuma, josta kerrotaan kaikkissa neljässä evankeliumissa sekä

Jumalan kuunteleminen

Apostolien teoissa – Matt. 3:1–12; Mark. 1:1–8; Luuk. 3:1–18; Joh. 1:19–34 ja Ap. t. 1:1–5.

Kun Jeesus palasi taivaaseen, hänen ensimmäinen profeetallinen tekonsa oli voidella morsiamensa Pyhällä Hengellä, antaa seurakunnalle tehtäväksi toimia profeettojen heimona ja varustaa se tätä tehtävää varten, kutsua kansansa kuuntelemaan tarkkaavaisesti ja lähettää meidät maailmaan hänen profeetallisina, palvelevina kumppaneinaan. Tätä käsitellään kirjoissa *Hengen tunteminen* ja *Palveleminen Hengessä*.

Hän rukoili Jumalaa muiden puolesta

Jeesuksen toinen taivaaseen astumisen jälkeinen profeetallinen teko oli rukoilla meidän puolestamme Isän oikealla puolella. Tämä havaitaan kohdissa Room. 8:34 ja Hepr. 7:25.

Edellä todettiin, että profeetat olivat Vanhan testamentin esirukoilijoita. Myös Jeesuksen elämä oli täynnä kuuntelevaa rukousta ja esirukousta. Evankeliumeissa esimerkiksi kerrotaan, että Jeesus rukoili:

- varhain aamulla – Mark. 1:35
- myöhään illalla – Luuk. 6:12
- kasteensa yhteydessä – Luuk. 3:21
- palveltuaan pitkään – Mark. 1:35, 6:46 ja Luuk. 5:16
- koko yön ennen kahdentoista opetuslapsen valitsemista – Luuk. 6:12
- yksin opetuslastensa ollessa läsnä – Luuk. 9:18
- kirkastumisensa yhteydessä – Luuk. 9:28–29
- viimeisen aterian jälkeen – Joh. 17
- Getsemanessa – Mark. 14:32 ja Luuk. 22:41
- Pietarin puolesta – Luuk. 22:32
- pienten lasten puolesta – Matt. 19:13–15
- ristiinnaulitsemisensa yhteydessä – Luuk. 23:34

Profeetallinen kuunteleminen Uudessa testamentissa

- ylösnousemuksensa jälkeen – Luuk. 24:30
- taivaaseen astumisensa yhteydessä – Luuk. 24:50
- taivaaseen astumisensa jälkeen – Joh. 14:16.

Jeesuksen profeetallinen esirukous on erityisen selvää Johanneksen evankeliumin luvussa 17. Siinä hän rukoilee itsensä puolesta, yhdentoista opetuslapsensa puolesta ja meidän puolestamme. Tätä käsitellään tarkemmin kirjassa *Toimiva rukous*.

Hän oli sitoutunut totuuteen, oikeudenmukaisuuteen ja Jumalan myötätuntoon

Jeesus oli täysin sitoutunut Jumalan totuuteen, ja Johanneksen evankeliumin jae 14:6 osoittaa, että hän oli totuuden elävä ruumiillistuma. Jeesus ilmensi läpi koko elämänsä Jumalan myötätuntoa ja antoi sen toimia innoittajanaan. Tämä havaitaan esimerkiksi kohdissa Matt. 15:32, 20:34 sekä Luuk. 7:13 ja 10:13.

Kohtien Joh. 8:1–12 ja Matt. 23:23 kaltaiset jakeet antavat ymmärtää, että totuus, jossa ei ole myötätuntoa, ei ole Jumalan totuutta. Koko vuorisaarna Matteuksen evankeliumin luvuissa 5–7 on Jeesuksen esitelmää siitä, millainen on Jumalan tarkoittama myötätuntoinen ja totuudellinen tapa elää. Tätä käsitellään läpi koko kirjan *Jumalan hallintavalta*, jossa havaitaan, kuinka Jeesuksen henkilökohtainen hallintavalta täyttää ylitsevuotavasti Vanhan testamentin profeettojen innoitetut ohjeet.

Hän tarjosi jumalallista tietämystä

Jeesus kulki profeetallisten esivanhempiensa jalanjäljissä kaikilla mahdollisilla tavoilla. Hänet jopa ristiinnaulittiin vääränä profeettana: Matteuksen evankeliumin jakeissa 26:64–68 Jeesus vahvisti, että hän oli Messias, ja ilmoitti sitten olevansa Psalmin 110 Herra ja Danielin kirjan jakeen 7:13 salaperäinen taivaallinen henkilö. Suuren neuvoston vastaus näihin rohkeisiin väitteisiin oli julistaa Jeesus vääräksi

Jumalan kuunteleminen

profeetaksi ja vaatia hänen kuolemaansa. Jeesus oli todellinen profeetta jopa siinä, että hän tarjosi Jumalan tietämystä tiettyihin tilanteisiin ja tiettyjen yksilöiden elämään. Tämä havaitaan esimerkiksi kohdissa Matt. 11:20-24 ja Joh. 21:15-19.

Hän myös puhui ennustavasti täysin samalla tavalla kuin Vanhan testamentin profeetat olivat puhuneet. Jeesuksen sanat Luukkaan evankeliumin jakeissa 21:20-24 puhuttiin noin vuonna 33 jKr., ja noin 37 vuotta myöhemmin, vuonna 70 jKr., Tituksen roomalainen armeija piiritti Jerusalemin ja kristityt muistivat tämän profetian. He lähtivät kaupungista ja päätyivät Pellaan: ja senaikaiset lähteet antavat ymmärtää, ettei piiritystä seuranneessa joukkomurhassa vangittu tai surmattu ainoatakaan uskovaa. Tämän profetian tarkkuuden tulisi vakuuttaa meidät siitä, että Jeesuksen toinenkin profetia (Luuk. 21:25-28) tulee vielä täyttymään.

Enemmän kuin profeetta

Useimmat väärätkin uskonnot vahvistavat, että Jeesus on profeetta. Tämä tunnustus saattaa olla syy sille, miksi seurakunnan joissakin haaroissa annetaan niin vähän huomiota Jeesuksen profeetalliselle kutsumukselle ja toiminnalle.

Jeesus oli kuitenkin paljon enemmän kuin vain yksi profeetta muiden joukossa. Hänen syntymänsä, elämänsä, palvelutyönsä, kuolemansa, ylösnousemuksensa, taivaaseen astumisensa ja voiteleva toimintansa helluntaina vahvistivat kaiken, minkä Vanhan testamentin profeetat olivat ennustaneet. Lisäksi Apostolien tekojen jakeessa 10:43 sanotaan, että Jeesus on juuri se, josta kaikki muut profeetat todistavat. Hänen elämänsä täytti itse asiassa yli 300 yksityiskohtaista Vanhan testamentin profetiaa.

Profeetta ei voi tehdä muuta kuin puhua tai osoittaa todeksi Jumalan Sanan, mutta Jeesus oli lihaksi tullut Sana, ja Ilmestyskirjan jae 19:10 opettaa, että kaiken profetoimisen tulee tapahtua Jeesuksen Hengen vaikutuksesta *ja* todistaa Jeesuksesta. Tämä osoittaa niin sen, että Jeesus on ylin

Profeetallinen kuunteleminen Uudessa testamentissa

profeetta, kuin myös sen, että kaikkien muiden, jotka profetoivat, täytyy toimia niin, että huomio kääntyy häneen.

Voidaankin sanoa, että Jeesus on:

◆ esimerkkimme profetoimisessa

◆ profetoimisemme lähde

◆ profetoimisemme kohde.

Profetoiminen alkuseurakunnassa

Jeesuksen voiteleva tai kastava toiminta helluntaina aloitti uuden profeetallisen aikakauden. Vanhan testamentin perusymmärrys profetoimisesta kyllä säilyi, mutta seurakunta ei enää erottanut yksittäisiä ihmisiä vaan tuli itse profeetallisen toiminnan keskukseksi. Samalla profeetallisesta kuuntelemisesta ja elämisestä tuli keskeinen asia koko seurakunnalle.

Apostolien teoissa kerrotaan, kuinka ylösnoussut Kristus ohjasi alkuseurakuntaa profeetallisen ilmestystiedon ja tietämyksen avulla. Esimerkiksi:

◆ Ap. t. 5:1–11 – Pietari paljasti profeetallisesti Ananiaan ja Safiran petoksen ja julisti Jumalan tuomion.

◆ Ap. t. 8:20–24 – Pietari ilmoitti profeetallisesti Simonin sisäiset ajatukset ja innoittajat.

◆ Ap. t. 9:10–19 – Ananias sai profeetallisen ilmestystiedon Paavalin kääntymyksestä ja tulevasta palvelutyöstä.

◆ Ap. t. 10:1–19 – Cornelius ja Pietari saivat profeetalliset näyt, jotka johdattivat heitä ja johtivat Corneliuksen perhekunnan kääntymykseen.

◆ Ap. t. 11:27–30 – Agabos ennusti profeetallisesti, että Juudeassa tulisi nälänhätä.

◆ Ap. t. 13:1–4 – Paavali ja Barnabas lähetettiin lähetysmatkalle, kun saatiin profeetallinen vahvistus ja ilmoitus Jumalan tahdosta.

Jumalan kuunteleminen

- Ap. t. 13:9–12 – Paavali julisti profeetallisesti Jumalan tuomion Elymaalle, kun tämä esti käskynhaltijaa uskomasta Jeesukseen.

- Ap. t. 14:9 – Paavali sai profeetallisen tiedon siitä, että rammalla miehellä oli uskoa parantua.

- Ap. t. 15:13–19 – Jaakob puhui profeetallisen viisauden sanan Jerusalemin kokouksessa, jossa käsiteltiin pakanuskovia koskevaa kysymystä.

- Ap. t. 15:32 – Juudas ja Silas vahvistivat ja rohkaisivat ihmisiä profeetallisesti Antiokiassa.

- Ap. t. 16:6–7 – Henki johdatti profeetallisesti Paavalin toista lähetysmatkaa.

- Ap. t. 16:9–10 – näky ohjasi Paavalia profeetallisesti julistamaan evankeliumia Euroopassa.

- Ap. t. 21:9 – Filippoksella oli neljä tytärtä, jotka profetoivat.

- Ap. t. 21:10–11 – Agabos ennusti profeetallisesti, mitä Paavalille tapahtuisi.

- Ap. t. 27:23–26 – Paavali sai profeetallisen tiedon tulevasta haaksirikkoutumisesta.

Ilmestyskirjan jakeet 11:3–13 osoittavat, että profetoiminen ja profetoiva todistaminen kuuluvat Jumalan painopisteisiin viimeisinä päivinä. Ne eivät siis ole päättyneet alkuseurakunnan ja Apostolien tekojen ajan loppumiseen.

Kaksi lamppua näyttäisivät viittaavan Moosekseen ja Eliaan, Jeesuksen kirkastumisen todistajiin. Kuten on havaittu, nämä kaksi ovat ylimmät Vanhan testamentin esimerkit "Sanan" ja "Hengen" innoittamasta profetoimisesta, ja edellä mainitut Ilmestyskirjan jakeet osoittavat, että molemmat nämä profetoimisen puolet jatkuvat myös helluntain jälkeen, aina meidän aikakautemme loppuun asti.

Profeetallinen kuunteleminen Uudessa testamentissa

Kaksi oliivipuuta näyttäisivät olevan vertauskuva Joosuasta ja Serubbabelista (Sak. 3-4). Nämä toimivat hengellisenä ja maallisena johtajana sille takaisin kotimaahansa palaavalle yhteisölle, joka rakensi uudelleen Jerusalemin ja temppelin pakkosiirtolaisuuden jälkeen. Tästä voidaan päätellä, että profetoiminen täytyy yhä edelleenkin kohdistaa sekä elämän hengellisille että maallisille osa-alueille, eikä siis ainoastaan seurakunnalle.

Joosua ja Serubbabel olivat ne kaksi johtajaa, jotka rakensivat uuden temppelin, eikä mikään rakenna seurakuntaa niin kuin profeetallinen kuunteleminen ja eläminen. Efesolaiskirjeen jakeen 2:20 opetus siitä, että profeetat ovat osa seurakunnan perustusta, ennakoikin juuri Ilmestyskirjan luvun 11 teemoja.

Profeetallinen kansa

Kohdassa 4. Moos. 11:16-30 kerrotaan, kuinka Mooseksen profeetallisen taakan kykenivät jakamaan ainoastaan ne, jotka olivat saaneet Hengen. Kun Joosua kyseenalaisti Eldadin ja Medadin profetoimisen, Mooses vastasi hänelle tärkeällä profeetallisella rukouksella.

Jumala kuuli tämän rukouksen, ja Joel näki ennalta Jumalan vastauksen jakeissa 2:28-29. Jumala piti lupauksensa helluntaina, kun Jeesus vuodatti Hengen *ilman rajoituksia* seurakunnan päälle.

Kun Pietari lainasi tätä Joelin profetiaa Apostolien tekojen jakeessa 2:18, hän sai innoituksen lisätä siihen tärkeät sanat "ja he profetoivat". Tämä osoittaa, että helluntain jälkeen mahdollisuus kuunnella profeetallisesti, puhua profeetallisesti ja toimia profeetallisesti on annettu kaikille uskoville, jotka on voideltu Pyhällä Hengellä.

Kuten kirjassa *Hengen tunteminen* havaitaan, helluntaipäivänä ei ollut esteitä Hengen antamiselle eikä rajoituksia Hengen vastaanottamiselle. Jokaisen uskovan – olipa hän sitten mies tai nainen, vanha tai nuori, koulutettu tai lukutaidoton – on mahdollista profetoida.

Jumalan kuunteleminen

Kun Pietari mainitsi profetoimisen Apostolien tekojen jakeessa 2:18, hän varmastikin tarkoitti, että koko seurakunta palvelisi kuten Vanhan testamentin profeetat olivat palvelleet.

Helluntaina tapahtuneen Hengen vuodatuksen seurauksena koko Jumalan kansa voi siis olla "Jumalan miehiä", "Jumalan palvelijoita", "kutsuttuja ja kutsuvia", "nähtyjä ja näkeviä".

Kaikki sovitetut ja voidellut uskovat voivat nyt esimerkiksi:

- astua sisään Jumalan läsnäoloon
- kuunnella Jumalan salaisuuksia
- välittää muille Jumalan ajatuksia koskien sovintoa, oikeudenmukaisuutta ja erilaisia tapahtumia
- ennustaa ja julistaa
- esirukoilla
- olla "Sanan" ja "Hengen" innoittamia
- nähdä unia ja näkyjä
- kuunnella ja puhua ihmeitä aikaansaavia sanoja, elää ihmeiden ilmenemistä todeksi ja olla osallisina ihmeisiin.

On kuitenkin tärkeää tunnistaa, ettei Pietarin lupaus ollut, että kaikki uskovat voisivat olla profeettoja vaan että kaikki voisivat profetoida. Näiden välillä on merkittävä ero.

Alkuseurakunnan profetoimista voidaan Apostolien teoissa nähdä tavallisten uskovien jokapäiväisessä käyttäytymisessä. Tämän lisäksi oli kuitenkin yhä edelleen muutamia yksittäisiä henkilöitä, joita kutsuttiin nimenomaan profeetoiksi.

Kuten havaitaan kirjassa *Palveleminen Hengessä*, sama koskee myös muita palvelemisen muotoja. Kaikille on annettu tehtäväksi evankelioida, mutta eivät kaikki ole evankelistoja. Kaikille on annettu tehtäväksi parantaa, mutta eivät kaikki ole parantajia. Kaikille on annettu tehtäväksi opettaa, mutta eivät kaikki ole opettajia, ja niin edelleen.

Profeetallinen kuunteleminen Uudessa testamentissa

Profeetallinen todistus

Uusi testamentti painottaa, että profetoiminen on osa seurakunnan koko todistusta. *Marturia*, "todistus", on seurakunnan "tavoittavan" toiminnan yleinen nimitys, ja kerugma, "saarnaaminen", ja *propheteia*, "profetoiminen", ovat tuon todistamisen puolia.

Ilmestyskirjan jae 19:10 kehittää tätä ajatusta vielä pidemmälle. Siinä ei ainoastaan todeta, että kaiken profetoimisen tulisi olla todistus, vaan että kaiken profetoimisen tulisi olla samanlainen todistus kuin minkä Jeesus antoi.

Profeetallisen kuuntelemisemme tulisi siis kuunnella Jumalaa kuten Jeesus kuunteli häntä, ja profeetallisten sanojemme ja tekojemme tulisi ohjata ihmiset Jumalan luo aivan kuten Jeesuskin ohjasi ihmiset Jumalan luo.

Uusitestamentillinen profetoiminen keskittyy aina siihen, mitä Jumala tekee, ajattelee ja sanoo – eikä siis ihmisten vastaukseen. Yksinkertaisesti sanottuna alkuseurakunnan profeetallinen sanoma juutalaisille oli pohjimmiltaan: "Jumala on vihastunut teihin, koska te torjuitte ja ristiinnaulitsitte Messiaan." Profeetalliset sanat osoittivat Jumalaan ja hänen vihaansa, eivät juutalaisiin.

Kuten vanhatestamentillinen profetoiminen, myös alkuseurakunnan profetoiminen rohkaisi ihmisiä usein terveeseen jumalanpelkoon, ja joskus uskovat myös ilmoittivat "huonoja" uutisia.

Evankeliointi saattoi olla tehokasta vain, jos ihmisten vastaus alkuseurakunnan uskovien profetoimiseen oli: "Mitä sitten voin tehdä, että pelastuisin?" Juuri tämä, ei siis itse profetoiminen, osoittaa ihmisten vastaukseen.

Profetoiminen ja kirjoitukset

Jotkut seurakuntien johtajat vastustavat henkilökohtaista ja seurakunnassa tapahtuvaa profetoimista. He perustavat vastustuksensa Raamatun ylivertaisuudelle: heidän mukaansa profetoimisen täytyy olla joko Raamatun toistamista tai se on virheellistä. Kuitenkin juuri se kirja, jota he pyrkivät

Jumalan kuunteleminen

puolustamaan, sisältää useita rohkaisuja profetoimiseen sekä monia profetoimisesta annettuja kiitoksia.

Kuten on havaittu, Jumalan kirjoitetulla Sanalla on ainutlaatuinen arvovalta, jolle ei löydy vertaista. Se on tarkoitettu kaikille ihmisille, kaikkina aikoina, kaikissa paikoissa – kun taas profetia on aina tarkoitettu jollekin tietylle henkilölle tai ihmisryhmälle, jossakin tietyssä paikassa, jonakin tiettynä aikana.

Raamatullinen periaate on selkeä: yksikään profetia ei saa lisätä mitään Raamattuun eikä erota siitä millään lailla. Jokainen todellinen profetia sen sijaan soveltaa kirjoituksia jollakin olennaisella ja välittömällä tavalla.

Jae 2. Piet. 1:19 on yksiselitteinen. Siinä oleva sana "kunnes" – ja siihen liittyvä viittaus jakeisiin 1. Kor. 13:8–9 ja vajavaisuuden päättymiseen – ovat kuitenkin saaneet jotkut päättelemään, että profetoiminen päättyi siihen, kun Raamattu tuli valmiiksi.

Jos tämä olisi totta, täytyisi kuitenkin myös päätellä, että elämme ajassa, jossa kaikki tieto on lakannut olemasta, Herran päivä on sarastanut, kointähti on tullut ja me voimme nähdä Kristuksen kasvoista kasvoihin!

Profetoiminen ja vastustus
Uusi testamentti muistuttaa meitä siitä, että Vanhan testamentin profeetat torjuttiin ja että heitä vainottiin, ja lupaa, että tämä sama kohtalo on edessä kaikilla, jotka profetoivat. Kohdat Matt. 5:11–12 ja Luuk. 11:49 ovat osittainen osoitus tästä, mutta tätä ajatusta selitetään kattavammin Ilmestyskirjassa.

Ilmestyskirjan jakeessa 6:9 todetaan, että suuri määrä pyhiä surmataan Sanan ja heidän profeetallisen todistuksensa tähden. Ilmestyskirjan jae 12:17 taas paljastaa, kuinka suuresti "lohikäärme" vastustaa niitä, jotka ovat kuuliaisia Jumalalle ja todistavat Jeesuksesta – mihin siis kuuluu myös profeetallista kuuntelemista ja elämistä.

Profeetallinen kuunteleminen Uudessa testamentissa

Alkuseurakunnan profeetat

Efesolaiskirjeen jakeet 4:7-16 osoittavat, että profeetat olivat yksi Kristuksen erityisistä lahjoista seurakunnalle hänen taivaaseen astumisensa jälkeen. Hän antoi heidät seurakunnan rakennukseksi, ja heitä käsitellään kirjassa *Jumalan kirkkaus seurakunnassa*.

Profeetat eivät koskaan olleet alkuseurakunnan tai vanhinten valitsemia. He olivat niitä miehiä ja naisia, joista seurakunnan johtajat havaitsivat, että he saivat ja välittivät muille säännöllisesti profetioita Jumalalta. He olivat niitä, jotka yksinkertaisesti vain profetoivat useammin kuin muut ihmiset.

Profeettojen yhteydessä puhutaan tavallisesti myös apostoleista, ja Efesolaiskirjeen jae 2:20 opettaa tämän johtuvan siitä, että juuri profeetat ja apostolit ovat osa seurakunnan perustusta. Efesolaiskirjeen jae 3:5 taas paljastaa, että profeetat, kuten myös apostolit, paljastavat salaisuuden, jota aiemmat sukupolvet eivät tienneet ja joka liittyy siihen, että pakanat ovat osallisia Israelin perinnöstä. Tästä voidaan päätellä, että profeetoilla on myös tärkeä osansa uusien seurakuntien perustamisessa.

Apostolien tekojen jakeissa 13:1-3 Antiokian profeetat olivat ylistyksessä ja rukouksessa, kun Pyhä Henki antoi heille tehtäväksi erottaa Barnabas ja Saul siihen tehtävään, jonka hän oli heille aiemmin jo ilmoittanut. Näin muiden profeettojen kautta tullut ulkoinen kutsumus vahvisti Barnabaksen ja Saulin oman sisäisen kutsumuksen.

Aivan kuten Vanhan testamentin profeetat voitelivat kuninkaat ja erottivat heidät hallitsijan tehtävään, samoin alkuseurakunnan profeetat panivat kätensä Jumalan palvelijoiden päälle ja pyhittivät heidät palvelemaan. Myös kohdat 1. Tim. 1:18, 4:14 ja 2. Tim. 1:6 havainnollistavat tätä.

Tämä ei tarkoita, että profeetoilla olisi ollut arvovaltaa johtajina tai hallitsijoina. He vain yksinkertaisesti välittivät Jumalan sanan, ja seurakunnan johtajat ja vanhimmat tekivät sitten tarvittavat päätökset tiettyjen profeetallisten ilmoitusten valossa. Jotkut saattavat sanoa, että profeettahan

Jumalan kuunteleminen

– aivan kuten kuka tahansa muukin Efesolaiskirjeen jakeen 4:11 palvelijoista – voi olla myös johtava vanhin, ja niin asia todellisuudessa onkin. Tällaisessa tapauksessa profeetta kuitenkin johtaisi seurakuntaa vanhimman asemansa vuoksi – ei siksi, koska on profeetta. Toisin sanoen profeetta ei johda profetoimisensa kautta.

Apostolien tekojen jakeissa 21:10–14 profeetta Agabos vieraili Paavalin luona ja – sekä profeetallisella teolla että profeetallisilla sanoilla – varoitti Paavalia siitä, mitä tulisi tapahtumaan. Profetian tarkoitus ei ollut estää Paavalia menemästä Jerusalemiin, vaan varoittaa häntä siitä, mitä siellä tapahtuisi. Tämän jumalallisen tiedon vuoksi Paavali oli hengellisesti ja mielessään valmis, kun mellakka alkoi, ja tunnisti Jumalan tahdon olosuhteissaan.

Agabos myös toisti profeetallisten esivanhempiensa sosiaalisen oikeudenmukaisuuden vaatimuksia Apostolien tekojen jakeissa 11:27–30, kun hän paljasti, kuinka suuresti Henki oli kiinnostunut nälänhädän helpottamisesta. Hengen johtamana Agabos ennusti vuosien 49–50 jKr. suuren nälänhädän, joka pyyhkäisi länsisuuntaisesti Rooman keisarikunnan yli. Tämän tiedon ansiosta seurakunta kykeni tekemään tarvittavat esivalmistelut.

Taaskin täytyy todeta, että Agabos osoitti ennen kaikkea siihen, mitä Jumala oli tekemässä. Hän ei vaatinut ihmisiltä vastausta profetiaansa. Hän ei ohjeistanut ihmisiä keräämään kolehtia – hän vain yksinkertaisesti varoitti heitä valmistautumaan tulevaan nälänhätään. Tämä, yhdessä 1. Mooseksen kirjan luvun 41 esikuvansa kanssa, on todellinen apu nälänhätään – se antaa *ennen kuin* puutteet tulevat ajankohtaisiksi.

Edellä mainitut jakeet osoittavat, että alkuseurakunnan profeetat olivat:

- ◆ virallisia – seurakunnan johtajat tunnustivat heidän virkansa

- ◆ liikkuvaisia – he matkustivat seurakunnalta toiselle

Profeetallinen kuunteleminen Uudessa testamentissa

- innoittamia – he olivat Pyhän Hengen voitelemia ja innoittamia
- ennustavia – he ilmoittivat, mitä Jumala tulisi tekemään
- ohjaavia – he ohjasivat uskovia toimimaan tietyillä tavoilla
- käytännönläheisiä – he olivat kiinnostuneita hyvin käytännönläheisistä asioista
- ilmestystietoa paljastavia – he opettivat Jumalan Sanaa.

Profetoimisen lahja

Uudessa testamentissa seurakunnalle esitellään myös profetoimisen lahjan. Se on erityinen Pyhän Hengen lahja ja vain yksi profetoimisen puolista. Se ei ole kaikki, mitä profetoiminen on, mutta se on merkittävä osa sitä. Kuten myöhemmin havaitaan, on aivan oikein painottaa tätä lahjaa – mutta ei niin, että samalla rajattaisiin pois muut profetoimisen puolet.

Tästä lahjasta opitaan 1. Korinttolaiskirjeen luvuissa 12 ja 14. Nämä luvut ovat sellaisessa asiayhteydessä, jossa opetetaan yhteisistä kokoontumisista ja erityisesti ehtoollisen vietosta. Tästä voidaan päätellä, että profetoimisen lahja on se puoli profetoimista, joka on erityisen merkityksellinen ajatellen seurakunnan yhteisiä ja julkisia kokoontumisia.

Ensimmäisen Korinttolaiskirjeen luvun 14 oleellisin verbi on *oikodomeo*. Se on yleensä käännetty sanalla "rakentaa", mutta sanatarkasti se tarkoittaa "rakentaa yhdessä jonkin rakentamiseksi". Jos kaipaamme saada nähdä seurakuntaa rakennettavan yhdessä ja sen olevan rakennettu, on tarpeen kiinnittää aivan erityistä huomiota juuri tähän lukuun.

Tavoitelkaa profetoimista

Ensimmäisen Korinttolaiskirjeen luvun 14 jakeissa 1, 12 ja 39 uskovia kehotetaan aktiivisesti *zeloo* profetoimista. Tämä on vahva kreikan kielen verbi, joka tarkoittaa "olla suuri into" tai

Jumalan kuunteleminen

"syvästi kaivata". Jos kaipaamme Jumalan puhetta, nostamme hänen kuuntelemisensa ensisijaiseen asemaan. Emme osoita profetoimisen "kaipaamistamme" pyytämällä Jumalaa puhumaan, vaan todistamme sen kuuntelemalla häntä entistä innokkaammin – sillä tiedämme, että on hänen tahtonsa ja hänen luontonsa mukaista ilmoittaa Sanansa meille.

Profetoiminen puhuttelee ihmisiä

Ensimmäisen Korinttolaiskirjeen jae 14:3 osoittaa, että profetoimisen lahjan suunta on pohjimmiltaan Jumalalta ihmisille.

Kun Jumalalle kohdistettujen rukoustemme ja häneen kohdistetun ylistyksemme sanat ovat aidosti Hengen innoittamia, ei ole väärin kuvata niitä "profeetallisiksi". Tässä kohdassa käsitellään kuitenkin profetoimisen lahjaa – henkilahjaa –, ja sen suunta on aina täysin ihmisiä kohti.

Jotkut seurakunnat ovat menneinä aikoina epäonnistuneet tekemään eron käsitteiden *diermeneuo*, "tulkita", ja *propheteuo*, "profetoida", välillä. Jae 1. Kor. 14:5 osoittaa, että kielillä puhuminen ja kielten tulkitseminen on yhtä arvokasta kuin profetoiminen, mutta että se ei ole sama asia kuin profetoiminen. Molemmat näistä lahjoista kyllä rakentavat seurakuntaa, mutta jakeet 2–3 osoittavat, että ne tekevät sitä eri lähtökohdista käsin.

Aina kun rukoilemme kielillä tai tulkitsemme kieliä tai käytämme jotakin muuta henkilahjaa, tilanteeseen sisältyy enemmän tai vähemmän myös profeetallista puhumista – sillä olemme kuunnelleet Jumalaa ja puhumme hänen sanojaan evankeliumin kuuliaisuudella. Emme kuitenkin käytä silloin erityistä profetoimisen "lahjaa" – sillä profetoimisen lahjassa on kyse ainoastaan ihmisiin kohdistuvasta profetoimisen puolesta, ja profetoiminen on paljon muutakin kuin vain sitä.

Profetoiminen rakentaa, kehottaa ja lohduttaa

Jae 1. Kor. 14:3 osoittaa, että profetoimisen lahja tuo:

◆ *oikodomea* – "rakentumista": lahja on positiivinen, ei

Profeetallinen kuunteleminen Uudessa testamentissa

negatiivinen; se rakentaa meitä yhdessä, jotta voimme rakentua seurakunnassa

- *paraklesistä* – "kehotusta": se ilmoittaa, mitä Jumala on tekemässä, ja kutsuu meitä kulkemaan samassa tahdissa, tulemaan Jumalan vierelle siinä, mitä hän on tekemässä

- *paramuthiaa* – "lohdutusta" – se on "lähipuhetta"; se on sitä, että Jumala kuiskaa hellän lohdutuksen sanoman ystävilleen ja palvelijoilleen.

Profetoiminen rakentaa muita

Profetoiminen on itsensä antava, itsensä tyhjentävä lahja. Jakeessa 1. Kor. 14:4 todetaan, että profetoivat ihmiset eivät pyri rakentamaan itseään vaan että he rakentavat yhdessä seurakunnan jäseniä ja rakentavat heitä kohti täysi-ikäisyyttä. (Tietenkin on myös totta, että koska he ovat osa seurakuntaa, he rakentuvat myös itse profetoimisensa kautta – mutta tämä ei ole heidän tarkoituksensa.)

Profetoiminen on positiivinen, rakentava lahja. Se ei tuhoa tai hajota maahan. Tätä korostetaan jakeessa 26.

Profetoiminen on tärkeää

Jae 1. Kor. 14:5 osoittaa, että profetoiminen on tärkeää ja ettei meidän tulisi suhtautua siihen kevyesti. Meidät on kutsuttu kunnioittamaan niitä miehiä ja naisia, joille Jumala on uskonut tietyn sanoman johonkin tilanteeseen.

Profetoiminen ei välttämättä ole spontaania

Ensimmäisen Korinttolaiskirjeen jae 14:26 antaa ymmärtää, että seurakunnan jäsenten tulisi käyttää aikaa kokouksiin valmistautumiseen. Heidän tulisi kuunnella Jumalaa selvittääkseen, onko jotakin, jonka hän haluaisi heidän tuovan yhteiseen kokoontumiseen.

Henki voi siis antaa etukäteen minkä tahansa jaettavan asian – olipa se sitten laulu, puhe, puhe kielillä tai sen tulkinta,

Jumalan kuunteleminen

profetia ja niin edelleen. Jae 1. Kor. 14:30 kuitenkin osoittaa, että myös spontaanilla profetoimisella on oma paikkansa yhteisissä julkisissa kokoontumisissa.

Profetoiminen paljastaa jotakin

Jae 1. Kor. 14:26 luettelee *apokalupsiksen* yhtenä niistä asioista, jotka uskova voi tuoda yhteiseen kokoontumiseen. Se on yleensä käännetty sanalla "ilmestys", ja se tarkoittaa jonkin sellaisen esiin tuomista tai ilmoittamista, joka ei aiemmin ole ollut tiedossa. Se siis selvästikin viittaa profetioihin.

Tähän asti tässä kirjassa on viitattu profetiaan Jumalan "nyt"-Sanana. *Apokalupsis* merkitsee, että profetiaa voitaisiin ehkäpä kutsua myös Jumalan "uudeksi" Sanaksi.

On tietenkin totta, ettei mikään profetia koskaan ole uusi Jumalalle – kaikki profetiat ovat aina täysin yhdenmukaisia Jumalan luonnon ja Sanan kanssa sellaisina kuin ne on Raamatussa ilmoitettu sekä yhdenmukaisia Jeesuksen todistuksen kanssa. Toisinaan jokin profeetallinen ilmoitus on kuitenkin uusi meille – siinä mielessä, että se paljastaa tuoreella tavalla ikuisen ja muuttumaton Sanan yhden tietyn puolen.

Profetiat täytyy arvostella

Jakeet 1. Kor. 14:29–32 tekevät selväksi, että profetiat täytyy arvostella tai koetella. Tätä käsitellään osassa 8.

Profetoiminen on tarkoitettu kaikille uskoville

Jae 1. Kor. 14:31 painottaa, että tämä lahja on tarkoitettu kaikille uskoville. Helluntaista lähtien kaikki, jotka on voideltu Hengellä – jotka lakkaamatta kuuntelevat Jumalaa ja vastaavat evankeliumin kuuliaisuudella –, voivat profetoida. Tämä tapahtuu, kun seurakunnat alkavat tavoitella profetoimista – ja kun ne todistukseksi tästä alkavat nostaa profeetallista kuuntelemista korkeammalle arvoasteikollaan.

Profeetallinen kuunteleminen Uudessa testamentissa

Arvokkaasti ja hyvässä järjestyksessä

Jae 1. Kor. 14:40 opettaa, että "kaiken" – myös siis profetoimisen lahjan – on tapahduttava:

- *euschemonos* – "arvokkaasti": tämä tarkoittaa, että meidän tulisi profetoida kauniisti tai tahdikkaasti, ei siis hallitsemattomalla tai hyödyttömällä tavalla

- *taxis* – "hyvässä järjestyksessä": tämä tarkoittaa, että kokouksissamme tulisi olla hyvä, harkittu järjestys, jossa kaikelle – mukaan lukien profetoimiselle – on mietitty oma sopiva paikkansa. Tämä *taxis* voi olla johtajan päättämä, ja hän on voinut käyttää päättämisen apuna myös viisauden lahjaa.

Muut ilmestystietoa antavat lahjat

Ensimmäisen Korinttolaiskirjeen luvuissa 12–14 viitataan kolmeen muuhunkin lahjaan, jotka Jumala antaa tarjotakseen meille profeetallista ilmestystietoa tai "hengellistä näkökykyä".

Tiedon sanat

Tämän lahjan kautta Henki paljastaa tosiseikkoja jostakin henkilöstä tai tilanteesta. Nämä tosiseikat eivät ole tietämystä, joka saadaan luonnollisen mielen tai järjen tai luonnollisten kokemusten tai vaistojen avulla, vaan ne ovat Jumalan vapaasti antamia tiedonjyviä Jumalan omasta tietämyksestä.

Tämän lahjan avulla Jumala paljastaa jonkin totuuden, jonka Henki haluaa tehdä tiettäväksi. Tämä havaitaan esimerkiksi kohdissa 2. Kun. 5:20–27, 6:9–12; 2. Sam. 12:1–7; Matt. 9:1–7, 17:27; Joh. 4:7–25, 4:45–54; Ap. t. 5:1–6 ja 9:11.

Viisauden sanat

Tämä lahja on Hengen antama tietämys siitä, miten jotakin profeetallista ilmoitusta voidaan parhaiten soveltaa johonkin tiettyyn tilanteeseen, tai siitä, miten jotakin tiettyä henkilöä voidaan parhaiten auttaa tai jonkin tietyn tilanteen ratkeamista

Jumalan kuunteleminen

parhaiten edesauttaa. Voitaisiin sanoa, että viisauden sanat ovat Hengen "kuinka" ja tiedon sanat hänen "mitä". Esimerkkejä tästä lahjasta voidaan löytää kohdista: 1. Moos. 41:14–45; 1. Kun. 3:16–28; 2. Kun. 5:8–14; Matt. 21:23–27, 22:15–22; Luuk. 21:15 ja Joh. 8:7.

Henkien erottamisen lahja

Tämä on Jumalan antama havaintokyky, joka antaa uskovalle kyvyn tunnistaa tiettyjen sanojen tai tekojen taustalla vaikuttavan hengen. Se auttaa meitä ymmärtämään, vaikuttaako jossakin tilanteessa ihmisen oma henki, demoninen henki vai Pyhä Henki. Tätä havaitaan esimerkiksi kohdissa 1. Sam. 3:1–9, 16:6–13; Matt. 16:21–23; Luuk. 13:10–17; Ap. t. 5:1–11, 8:14–24, 13:4–12 ja 16:16–18.

Osassa 8 käsitellään sitä erityistä osaa, joka tällä lahjalla on profetioiden arvostelemisessa.

Antakaa profeetallisten lahjojen tapahtua

Profeetallinen ilmestystieto ja tietämys, mukaan lukien profetoimisen lahja, rakensivat alkuseurakuntaa – ja ne rakentavat seurakuntaa yhä nykyäänkin.

Jos "seurakunnan rakentaminen" on sydämemme toive, noudatamme jaetta 1. Kor. 14:40 ja annamme ilmestystietoa antavien lahjojen *ginomai*. Tämä on käännetty sanalla "tapahtua" tai "tapahtukoon", jotka ovatkin hyviä käännöksiä sille.

Emme palvele mykkää Jumalaa. Hänen suussaan ei ole suukapulaa. Meidän ei tarvitse anella häntä puhumaan. Sen sijaan meidän täytyy poistaa korvistamme hengelliset vanut, jotka ovat esteenä hänen äänensä kuulemiselle, ja alkaa kuunnella häntä entistä tarkkaavaisemmin.

Osa 7

Profeetallinen kuunteleminen nykyään

Edellä havaittiin, että profetoimisessa on kyse koko prosessista alkaen Jumalan armontäyteisestä aloitteesta puhua sanansa aina siihen, että me kuuliaisesti sovellamme tuota sanaa. Kuten kääntymykseen, uskoon ja kuuntelemiseen, myös profetoimiseen sisältyy monia vaiheita – se ei ole vain yksi nopea hetki. Profetoimiseen esimerkiksi sisältyy:

- ◆ kuuntelemista – meidän täytyy aktiivisesti kuunnella Jumalaa, jotta voimme kuulla, mitä hän haluaa sanoa

- ◆ ilmestystietoa – Jumala ilmoittaa tietyn sanomansa yhdellä niistä monista eri tavoista, joilla hän kommunikoi sanansa ja tahtonsa

- ◆ tulkitsemista – profeetallinen ilmoitus voi tulla monin eri tavoin, joten tarvitaan suurta tarkkaavaisuutta sen varmistamiseksi, että sana ymmärretään oikein

- ◆ soveltamista – meidän täytyy kuunnella aktiivisesti Jumalaa, jotta voisimme oppia häneltä, kuinka toimia hänen *rhema*-sanansa kanssa, kenelle antaa se, milloin välittää se ja niin edelleen

- ◆ vaikuttimia – meidän täytyy muistuttaa itseämme siitä, että kaikkien profeetallisten ilmoitusten ensisijainen tarkoitus on tuntea Jumala paremmin, ja varmistua siitä, ettemme profetoi jumalattomista, kriittisistä tai itsekeskeisistä syistä

- ◆ koettelemista – jokainen sana täytyy koetella, arvostella, punnita ja seuloa; kukaan ei saa koskaan vaatia, että jokin sana otettaisiin vastaan ja että sitä noudatettaisiin ilman minkäänlaista koettelemista

Jumalan kuunteleminen

- kommunikointia – sana täytyy toimittaa Jumalan tavalla ja hänen armollaan, hänen järjestyksessään ja hänen hellällä arvovallallaan

- toimimista – sanalle täytyy olla kuuliainen ja sen pohjalta täytyy toimia, jotta se voi täyttää Jumalan luovan tarkoituksen ja tuottaa sitä hedelmää, jota sen on määrä tuottaa.

Jakeiden 1. Kor. 2:9–16 ja Jes. 55:6–11 kaltaiset kohdat havainnollistavat täyden profeetallisen prosessin synnynnäistä jumalallista voimaa: ja meidän tulisikin kääntyä Jumalan puoleen ja pyytää häntä palauttamaan tämänkaltainen *autenttinen* profeetallinen toiminta myös nykyseurakuntaan.

Kolminaisuusopillinen perustus

Kun tarkastellaan profeetallista kuuntelemista, meidän on syytä muistutella itseämme siitä, että sillä on läpikotaisin kolminaisuusopillinen perustus.

- Jokainen sana tulee Isän aloitteesta. Hän on kommunikoiva Jumala, joka puhuu tehdäkseen itsensä tunnetuksi ja tuodakseen elämän ja pelastuksen koko maailmalle.

- Poika itse on henkilökohtainen Sana: hän on Jumalan pyhän nimen ja luonnon täydellinen, ikuinen ilmoitus.

- Pyhä Henki on ilmestyksen Henki. Hän on innoittanut kirjoitetun Sanan, minkä vuoksi se onkin täysi, täydellinen, riittävä ja erehtymätön selvitys siitä, mitä Jumala on kommunikoinut. Hän myös todistaa suoraan henkeemme, todistaa Jeesuksesta ja puhuu meille profeetallisen sanan kautta.

Tätä kolminaisuusopillista toimintaa voidaan havaita kohdissa Ps. 115:2–7; Joh. 1:1–3, 14:10, 15:26, 16:13–15, 17:1–3; Room. 5:5, 8:9, 8:15–16; 1. Kor. 12:7, 12:10, 14:3–4; Gal. 4:6; 2. Tim. 3:16–17 ja Ilm. 19:10.

Profeetallinen kuunteleminen nykyään

Raamatullinen perustus

Meidän täytyy myös pitää mielessämme, että Henki kommunikoi kirjoitetun Jumalan Sanan, Raamatun, kautta. Jae 2. Tim. 3:17 tekee selväksi, että Jumala yhä nykyäänkin hengittää kirjoituksia, että hän yhä nykyäänkin puhuu niitä henkilökohtaiseen elämäämme ja seurakuntaelämäämme.

Voitaisiin sanoa, että Henki:

- valaisee – hän auttaa ymmärtämään kirjoituksia

- vahvistaa – hän todistaa kirjoitukset oikeiksi sisäisen todistuksen, henkilökohtaisen varmuuden sekä tunnustekojen ja ihmeiden kautta

- havainnollistaa – hän kääntää huomion raamatullisiin periaatteisiin ja osoittaa, mitkä kirjoitukset ovat olennaisia missäkin tilanteessa

- soveltaa – hän yksilöllistää kirjoitukset jokaisen uskovan elämään nostamalla esiin jakeiden tai kohtien tietyn profeetallisen merkityksen niille, jotka valitsevat kuunnella ja ottaa ne vastaan.

Profetiat ovat yksi niistä tavoista, joilla Henki valaisee, vahvistaa, havainnollistaa ja soveltaa kirjoituksia. Voitaisiin lisäksi sanoa, että hän käyttää seurakunnassa tapahtuvaa profetoimista puhuakseen jollekin tietylle seurakunnalle tai ihmisjoukolle ja henkilökohtaista profetoimista puhuakseen jollekin yksilölle.

Tasapainoinen näkökanta

Jotkut ihmiset tuntuvat ajattelevan, että henkilökohtainen ja seurakunnassa tapahtuva profetoiminen ovat *kaikki* – että jokainen sana saadaan suoraan ja erehtymättömänä Jumalalta ja että jokainen niistä tulisi ottaa vastaan ilman vastaväitteitä. Toiset taas sanovat, että profetoiminen, etenkin henkilökohtainen profetoiminen, ei ole *mitään* – jokainen sana on vain inhimillinen mielipide, eikä sille tulisi sen suurempaa painoarvoa edes antaa.

Jumalan kuunteleminen

Raamatullinen näkökanta vaikuttaa kuitenkin olevan se, että henkilökohtainen ja seurakunnassa tapahtuva profetoiminen ovat *jotakin*: oikein punnittuina ja koeteltuina ne ovat osa Jumalan sanaa meille – ja sen vuoksi meidän tulisi myös olla niille kuuliaisia ja toimia niiden pohjalta.

Mitään profetiaa ei pidä ottaa vastaan hätäisesti tai ilman kritiikkiä, eikä minkään profetian pohjalta tulisi toimia epäviisaasti. Profetiat täytyy sitä vastoin tutkia, koetella ja niiden pohjalta toimia maalaisjärjellä ja viisaasti. Ne ovat vain *yksi niistä tavoista*, joilla Jumala meille nykyään puhuu, mutta ne todellakin ovat *tapa*, jolla hän puhuu.

Jakeet 1. Tess. 5:19–21 ovat hyvä yhteenveto raamatullisesta suhtautumistavasta:

◆ Älkää sammuttako Henkeä.

◆ Älkää väheksykö profetoimisen lahjaa.

◆ Koetelkaa kaikkea.

◆ Pitäkää se mikä on hyvää.

Jos niputetaan yhteen ne raamatulliset periaatteet, joita tässä kirjassa on tähän mennessä tarkasteltu, voidaan havaita, että profetoimisessa on kolme pääasiallista puolta, jotka tulisi voida löytää seurakunnasta myös nykyään.

◆ Profeetallinen rooli – jokainen uskova on kutsuttu kuuntelemaan ja elämään profeetallisesti, sekä henkilökohtaisesti että yhdessä muiden kanssa seurakunnassa. Tämä on "kaikkien uskovien yleistä profeetallisuutta", joka on helluntaista lähtien kuulunut kaikille, jotka on voideltu Hengellä.

Tätä havaitaan kohdissa Ap. t. 2:17–18; Hepr. 8:10–11 ja 1. Joh. 2:27.

◆ Profetoimisen lahja – Henki voi aika ajoin innoittaa ketä tahansa uskovaa antamaan profeetallisen sanoman. Tämä profetoimisen lahja ilmenee tietyn rakentavan, kehottavan tai lohduttavan sanan muodossa,

Profeetallinen kuunteleminen nykyään

joka annetaan joko *seurakunnalle* – yhteisissä kokoontumisissa – tai jollekin *henkilökohtaisesti* – yksityisissä tilanteissa, henkilökohtaisen kääntymyksen yhteydessä tai yhteisissä kokoontumisissa.

Esimerkkejä näistä tämän lahjan kahdesta puolesta voidaan havaita kohdissa Joh. 4:16–19,29; 1. Kor. 12:10, 14:1–5, 14:24–25, 14:29–32 ja Ap. t. 13:2 sekä 9–10.

◆ Profeetan palveluvirka – on olemassa tiettyjä miehiä ja naisia, jotka voidaan tunnustaa profeetoiksi. Profetoimisen lahja toimii näiden ihmisten kautta erityisen hyvin ja usein.

Tämä havaitaan kohdissa Ef. 4:11; Ap. t. 11:27–28, 13:1 ja 15:32.

Profeetallinen rooli

Edellä on opittu, että jokaisella uskovalla on profeetallinen tehtävä täytettävänään ja että tällä on vaikutusta kaikkiin heidän elämänsä osa-alueisiin. Profeetallista kuuntelemista sisältävä läheinen, profeetallinen suhde Jumalan kanssa on ainoa luotettava perustus kaikelle puhumisellemme ja palvelemisellemme.

Jokainen tämän *Hengen miekka* -kirjasarjan kirja perustuu epäsuorasti Jumalan profeetallisen kuuntelemisen periaatteelle. Esimerkiksi:

Kirjassa *Palvonta Hengessä ja totuudessa* selvitetään, että kaikella rukouksellamme, ylistyksellämme, palvonnallamme ja palvelemisellamme on profeetallinen ulottuvuus – vaikka se onkin Jumalalle suunnattua. Tämä havaitaan kohdissa Room. 8:26–27; 1. Kor. 14:24–25; Ef. 5:17–20 ja 1. Piet. 2:9.

Kirjassa *Kadotettujen tavoittaminen* opitaan, että evankeliumi täytyy julistaa profeetallisessa voimassa, innoituksessa ja ihmeiden vahvistamana. Tämä havaitaan esimerkiksi kohdissa Joh. 1:47–50, 4:5–26; Room. 15:17–21; 1. Kor. 2:1–5; Ef. 6:19–20; 1. Tess. 1:4–10 ja Hepr. 2:1–4.

Jumalan kuunteleminen

Lisäksi kirjoissa *Elävä usko* ja *Palveleminen Hengessä* selvitetään, että profeetalliset uskon sanat puhutaan ihmisille ja tilanteille, joiden täytyy muuttua, jotta Jumalan valtakunnan suunnitelmat voivat täyttyä. Tämä havaitaan esimerkiksi kohdissa Matt. 17:14–20; Mark. 9:23 ja 11:22–25.

Eräässä mielessä jo pelkästään kristillisen yhteisön olemassaoloa voidaan pitää profeetallisena merkkinä Jumalan valtakunnasta. Aivan kuten Vanhan testamentin profeettojen elämät kommunikoivat jotakin Jumalasta heidän ympärillään oleville ihmisille, samoin seurakunnan yhteisöllinen elämä nykyään on ilmoitus Jumalan luonteesta ja suunnitelmista.

Kirjassa *Jumalan hallintavalta* opitaan, että Jeesuksen vuorisaarna on hänen valtakuntansa manifesti, ohjelmajulistus. Kyseisessä saarnassa Jeesus käyttää "suolaa" ja "valoa" (Matt. 5:13–16) profeetallisina kuvina, jotka paljastavat, millainen seurakunta on, eli millaisia hänen valtakuntansa ihmiset ovat. Jakeessa Luuk. 10:3 Jeesus taas ohjeistaa opetuslapsiaan palvelemaan "lampaina susien keskellä". Nämä kolme kuvaa havainnollistavat sitä elintärkeää profeetallista roolia, joka seurakunnalla nykyään on.

Suola

Ilmaukseen "maailman suola" sisältyy ajatus siitä, että koko seurakunnalla on profeetallinen sosiaalisen puhdistamisen tehtävä. Nykyään suolaa käytetään pääosin maustamiseen, mutta Jeesuksen päivinä sitä käytettiin sekä estämään pilaantumista että jo pilaantuneiden ainesten puhdistamiseen. Tämä havaitaan esimerkiksi kohdista 3. Moos. 2:13; 2. Kun. 2:20 ja Hes. 16:4.

Seurakunnalla on juuri tällainen kaksiosainen profeetallinen rooli: sekä estää yhteiskuntaamme turmeltumasta enempää että puhdistaa sitä, mikä on jo turmeltunut. Tämä osoittaa, että meidän täytyy olla vahvasti mukana yhteiskunnassa ja ettei kuuntelemisemme saisi keskittyä ainoastaan seurakunnan asioihin.

Profeetallinen kuunteleminen nykyään

Valo
Ilmaukseen "maailman valo" sisältyy ajatus siitä, että seurakunnan tulisi olla profeetallisen valaistuksen ja ilmoituksen väline maailmassa. Meidän tulisi yhdessä elää kuuliaisina Jumalan Sanalle ja saada aikaan sitä, että Sanan valo pääsisi loistamaan yhteiskuntaan – ja paljastamaan näin sen ongelmien todellisen luonteen.

Tiedämme, että Vanhan testamentin profeetat puhuivat, kun Herran Sana tuli heille. Kun kuuntelemme Sanaa yhteisöllisesti sekä vastaanotamme evankeliumin ja olemme kuuliaisia Sanalle henkilökohtaisesti, tämä näkyy Sanan profeetallisena ilmoittamisena maailmalle.

Lampaat
Jeesuksen käyttämä kuva "lampaista susien keskellä" ilmentää tarvetta, että Jumalan profeetallinen kansa eläisi "palvelijan" luontoaan todeksi. Tiedämme, että "se" profeetta, joka oli voimallinen sanoissaan ja teoissaan, oli itse Jumalan karitsa, ja että hänen laumansa pääsee sisään hänen valtakuntaansa ja saa elää siellä samanlaisen itsensä uhraamista ja palvelemista heijastelevan "karitsa"-periaatteen perusteella.

Useimmat maailman ihmiset haluavat olla "susia", ja vain harvat haluavat käydä pitkälleen ja olla "lampaita". On kuitenkin ehdottoman oleellista, että Kristuksen seuraajat pitävät huolen siitä, etteivät he dominoi muita. Meidät on kutsuttu hyväksymään muiden vallassa oleminen ja päivittäin uhraamaan elämämme Jumalaa miellyttävänä uhrina – joka yhdistyy Jeesuksen uhriin.

Profetoimiseen liittyvien raamatullisten periaatteiden pohjalta voidaan sanoa, että koko seurakunnalla on profeetallinen rooli omaksuttavanaan näillä osa-alueilla.

Sovinto
Seurakunta voi olla profeetallinen vain, jos sovinto on näkyvässä osassa sen elämässä ja sanomassa. Sovituksemme Jumalan kanssa täytyy tulla osoitetuksi todeksi sillä, että

Jumalan kuunteleminen

meillä on aitoa sovintoa seurakunnan sisällä ja paikallisten seurakuntien sisällä ja välillä, sekä sillä, että puhumme aina sovituksen sanomaa maailmalle ja maailmassa.

Sovinto on tärkeää – perheessä aviomiesten ja vaimojen sekä vanhempien ja lasten välillä, työpaikalla työnantajien ja työntekijöiden välillä, yhteiskunnassa mustien ja valkoisten, rikkaiden ja köyhien, pohjoisen ja etelän, työssäkäyvien ja työttömien sekä vuokranantajien ja vuokralaisten välillä ja niin edelleen.

Epäpyhät jaottelut Kristuksen ruumiissa tekevät tyhjäksi sovituksen ja sovinnon sanoman, ja niitä täytyykin kutsua synniksi. Seurakunnassa ilmenevä syrjintä ja epäsopu täytyy tunnistaa ja korjata, jotta koko seurakunta voi olla profeetallinen sovitettu yhteisö.

Kun Jumalan tuomio vuodatetaan yhteiskunnan ylle, profeetallisen seurakunnan täytyy julistaa ajatonta sanomaa: "Tehkää sovinto Jumalan kanssa ja toistenne kanssa." Meidän tulee pitää itseämme profeetallisena "vastakulttuurina", joka kuuntelee Jumalan Sanaa näissä asioissa.

Oikeudenmukaisuus ja myötätunto

Edellä havaittiin, että Vanhan testamentin profeetat osoittivat todeksi Jumalan oikeudenmukaisuuden ja myötätunnon ja profetoivat niistä omassa yhteiskunnassaan. He kertoivat ihmisille Jumalan haluavan, että köyhistä pidettäisiin huolta. He myös julistivat Jumalan kirouksen niiden ylle, jotka suhtautuivat välinpitämättömästi köyhiin, ja Jumalan siunauksen niiden ylle, jotka pitivät anteliaalla tavalla heistä huolta.

Tämä huolenpito näkyi myös alkuseurakunnassa – ja sen tulisi näkyä ja kuulua myös kaikkialla nykyajan seurakunnassa. Koska me olemme kristillinen yhteisö, köyhät ja sorretut ovat aivan erityisesti meidän vastuullamme. Meidät on kutsuttu samaistumaan kaikkiin, niin oman kansamme kuin koko maailmankin, tarvitseviin ihmisiin.

Profeetallinen kuunteleminen nykyään

Profeetallisen seurakunnan tulisi sanoittaa nimenomaan Jumalan ajatuksia oikeudenmukaisuudesta ja sosiaalisista kysymyksistä, ei omia käsityksiään niistä. Meidän tulisi siis olla hyvin tarkkoina siitä, että kuuntelemme juuri hänen Sanaansa emmekä omaa kulttuuriamme.

Kansalliset tapahtumat
Edellä havaittiin, että hallitsijat kutsuttivat menneiden aikojen profeettoja usein luokseen ilmoittamaan, mitä Jumala ajatteli senhetkisistä tapahtumista ja ongelmista. Samoin myös Jumalan nykypäivän profeetallisen kansan täytyy välittää muille tietoa siitä, mitä Jumala ajattelee meille ajankohtaisista asioista.

Meidän tulisi yhdessä rukoillen kuunnella, mitä Jumala ajattelee eri sosiaalisista, paikallisista, kansallisista ja kansainvälisistä asioista. Seurakuntina meidän tulisi profeetallisesti kuunnella, mitä "taakkoja" Jumalalla on omia yhteisöjämme varten, ja sitten puhua niistä. Kun seurakunnat ovat menneisyydessä toimineet näin, seurauksena on usein ollut herätystä. Uuden testamentin periaate on, että profetoiminen valmistaa tietä hyvän sanoman tehokkaalle julistamiselle.

Todellinen vihollinen
Raamatun profeetat aina vaatimalla vaativat monoteismia, yksijumalaisuutta. Nykyään tämä tapahtuu osoittamalla, kuka todellinen vihollinen on, niin että uskonnolliset, taloudelliset ja sosiologiset häiriötekijät eivät pääsisi harhauttamaan seurakuntaa ja kansaa sivuraiteille.

Raamattu paljastaa, että meillä on kaksi todellista vihollista: saatana ja kuolema. Jumalan profeetallisena kansana tehtävämme on ohjata ihmisiä pois näiden vihollisten luota. Paholainen pyrkii kuitenkin saamaan ajatuksemme kääntymään pois tästä tehtävästä esittelemällä meille jatkuvasti valheellisia vihollisia.

Jumalan kuunteleminen

Seurakunnan eri haaroja on eri aikoina menneisyydessä johdettu harhaan, minkä seurauksena ne ovat päätyneet hyökkäämään milloin turkkilaisia, milloin taas juutalaisia, anabaptisteja, lollardeja, katolilaisia, protestantteja, metodisteja, mustaihoisia, amerikkalaisia, kommunisteja jne. vastaan.

Profeetallisen seurakunnan täytyy kuitenkin kuunnella tarkkaavaisesti Jumalaa oppiakseen, kuinka saatana toimii nykyään, ja erottaakseen, kuinka hänen juonensa tulisi paljastaa ja kuinka niitä tulisi vastustaa. Oletetun vihollisen taustalla vaikuttava todellinen vihollinen täytyy tunnistaa, jotta voidaan välttää vääriä, inhimillisiä parannuskeinoja – jotka ovat aina hengellisesti haitallisia. Ja tämä voi tapahtua ainoastaan profeetallisen kuuntelemisen kautta.

Palvelijat
Seurakunta täyttää profeetallisen tehtävänsä ainoastaan, jos palvelemisesta tulee keskeinen piirre sen elämäntavassa. Tiedämme, että kaikki Raamatun profeetat olivat palvelijoita ja jopa Jeesus tuli palvelemaan ja osoitti tämän todeksi pesemällä opetuslasten jalat.

Jos seurakunta haluaa olla profeetallinen, sen täytyy ottaa käyttöön Matteuksen evankeliumin jakeiden 20:20–28 ja 23:2–23 sanat eikä sen keskuudessa saa olla rakkautta valtaa, hallitsemista tai korkeaa asemaa kohtaan.

Jeesuksen sanat Matteuksen evankeliumin jakeissa 23:8–12 ovat suuri syytös ajassamme. Vaikka maailmaa muutetaankin politiikalla ja poliittisilla aseilla, ne eivät ole niitä tapoja, jotka Jumala on tarkoittanut palvelevalle seurakunnalle.

Meidän profeetalliset aseemme ovat totuus, ei itsensä edistäminen; vanhurskaus ja oikeudenmukaisuus, ei väkivalta; rauhantäyteinen alistuminen, ei valtataistelu; usko, ei ideologia; pelastus, ei idealismi; Jumalan Sana, ei hyvä suhdetoiminta; ja esirukous, eivät hyvää tarkoittavat teot.

Profeetallinen kuunteleminen nykyään

Esirukous
Vanhan testamentin profeetat olivat oman aikansa esirukoilijoita. Jos seurakunta haluaa olla profeetallinen, toimiva ja sinnikäs esirukous täytyy nostaa jälleen keskeiselle paikalle. Kaikki profeetalliset ilmoitukset on tarkoitettu rukoiltaviksi ja esirukousten aiheiksi, mutta kaikkia profeetallisia ilmoituksia ei ole tarkoitettu eteenpäin jaettaviksi. Jos profetoiminen on meille tärkeää, niin tulisi olla myös rukouksen. Tätä käsitellään kirjassa *Toimiva rukous*.

Profetoimisen lahja
Edellä todettiin, että profeetallinen rooli on tarkoitettu kaikille uskoville kaiken aikaa. Profetoimisen lahja sitä vastoin on erityinen Hengen ilmentymä, joka annetaan tietylle henkilölle jotakin tiettyä tarkoitusta varten. Voitaisiinkin sanoa, että profeetallinen rooli on tavallista kristillistä elämää ja profetoimisen lahja osa tuota kristillistä elämää.

Profetoimisen lahja on yksi Hengen "armolahjoista". Kuten tässä kirjasarjassa on toistuvasti todettu, kaikki lahjat ovat aidosti vapaasti annettuja lahjoja, eivät palkkioita tai palkintoja. Ne ovat käytettäväksi tarkoitettuja työkaluja, eivät viihdyttämiseen tarkoitettuja leluja. Ne toimivat Hengen aloitteesta, ne eivät ole kyky tehdä jotakin oman tahdon mukaan.

Jakeessa 1. Kor. 14:3 todetaan, että Henki antaa profetoimisen lahjan, jotta Jumala voisi rakentaa, kehottaa ja lohduttaa ihmisiä. Kuten kaikki muutkin lahjat, se on todiste siitä todellisesta kumppanuudesta, joka on olemassa Jumalan ja voideltujen uskovien välillä.

Lahjan ilmeneminen
Profetoimisen lahjan ilmeneminen tapahtuu aina Pyhän Hengen aloitteesta, mutta myös ihmisen omalla tahdolla on siinä osansa. Profetoimista ei tapahdu vain siksi, koska sitä haluamme, mutta toisaalta Jumala ei myöskään ohita tahtoamme ja saa meitä väkisin profetoimaan.

Jumalan kuunteleminen

Edellä havaittiin Uuden testamentin opettavan, että tämä on lahja, jonka Jumala antaa voidelluille uskoville. Voimme siis odottaa hänen antavan tämän lahjan aina, kun kokoonnumme *seurakuntana* yhteen rakentaaksemme, kehottaaksemme ja lohduttaaksemme toinen toistamme ja aina kun tarvitsemme sitä *henkilökohtaisesti* Hengen johdattamassa palvelutyössämme.

Seurakunnassa tapahtuva profetoiminen
Ensimmäisen Korinttolaiskirjeen luku 14 antaa ymmärtää, että aina kun kokoonnumme yhteen, meillä tulisi olla hiljainen luottamus siihen, että Jumala antaa profetoimisen lahjan ilmetä keskuudessamme – ja voimme kaikki odottaa hänen joskus antavan sen ilmetä juuri itsemme kautta. Jumalan tahto on rakentaa ja siunata muita meidän kauttamme, joten meidän tulisi aina kuunnella Henkeä, jotta tietäisimme, kun hän haluaa meitä käyttää.

Profeetallisen kuuntelemisemme ei tietenkään tulisi alkaa seurakunnan kokouksen aloituslaulusta. Meidän täytyy kuunnella Jumalaa kaikkina hetkinä viikon aikana – kotona ja töissä, levätessämme ja liikkeellä ollessamme – sillä Jumala puhuu, kun hän valitsee puhua, ei vain silloin, kun pyydämme häntä puhumaan.

Jae 1. Kor. 14:26 antaa ymmärtää, että meidän tulisi tulla yhteisiin kokoontumisiin sekä valmistautuneina antamaan että tuoden jokin valmisteltu annettava. Henki saattaa puhua meille jonkin kokouksen aikana ja kehottaa meitä profetoimaan: ja hän saattaa jopa antaa meille sanat, kun profetoimme. Toisinaan hän taas antaa meille profeetallisen sanoman pääajatuksen jo päiviä etukäteen, ja meidän tulee sitten puhua se kokouksessa siihen varatussa tilanteessa.

Kun kaksi tai kolme uskovaa profetoivat spontaanisti ja heidän sanomansa ovat hyvin samankaltaiset, jotkut ihmiset pohtivat väistämättä, kuinka paljon ensimmäisen profetian sisältö vaikutti toiseen ja kolmanteen profetiaan.

Profeetallinen kuunteleminen nykyään

Jumala puhuu tällaisella tavalla, mutta hän tietää, että on jollakin tavalla vielä puhuttelevampaa – etenkin ei-uskoville –, jos useampi henkilö tuo kokoontumiseen samankaltaisen etukäteen valmistellun profeetallisen sanoman, jonka he ovat kukin toisistaan tietämättään saaneet kuluneen viikon aikaan.

Henkilökohtainen profetoiminen
Edellä havaittiin, että profetoimisen lahjan ilmentymät ovat Uudessa testamentissa joskus *henkilökohtaisia* pikemmin kuin *yhteisöllisiä*, kuten kohdassa Ap. t. 21:11, joskus taas *yksityisiä* pikemmin kuin *julkisia*, kuten kohdassa Joh. 4:16–19, ja joskus harvoin myös *henkilökohtaisia* ja samalla *julkisia*, kuten kohdassa 1. Kor. 14:24–25.

Jumala puhuu tällaisella suoralla ja henkilökohtaisella tavalla osoittaakseen jollekin henkilölle, että Jeesus tuntee tämän yksilöllisesti ja välittää tästä henkilökohtaisesti. Voidaankin sanoa, että jokaiseen aitoon henkilökohtaiseen profetiaan sisältyy kutsu antautua Kristukselle ja seurata häntä.

Jakeiden Room. 1:11–12; 1. Tim. 1:18, 4:13–14 ja 2. Tim. 1:6–7 kaltaiset kohdat tekevät selväksi, että henkilökohtaiset profetiat voivat aktivoida Pyhän Hengen lahjat ja paveluvirat jonkin tietyn uskovan elämässä.

Tähän sisältyy sekä *ilmestystietoa* – yliluonnollista tietämystä tietyn henkilön tilanteesta tai tarpeesta tai siitä palveluvirasta tai lahjasta, jonka Henki hänelle haluaa antaa – että *vapauttamista* – yliluonnollista valtuuttamista ja varustamista uskolla, rohkeudella, voimalla, urheudella ja päättäväisyydellä täyttää saatu profeetallinen sana.

Henkilökohtaiset profetiat, kuten kaikki profetoimisen lahjan ilmentymät, annetaan nimenomaan rakennukseksi, sillä nekin yhdessä rakentavat Kristuksen ruumista. Ne eivät tuhoa tai tuomitse ihmisiä, vaan rakentavat ja rohkaisevat heitä. Tämä havaitaan jakeesta 1. Kor. 14:3.

Edellä myös havaittiin, että henkilökohtaiset profetiat tuovat tiettyä suuntaa ja hyödyllisiä tietoja ihmisille näiden

Jumalan kuunteleminen

elämää ja palvelutyötä varten – esimerkiksi Ap. t. 11:27–30, 21:4 ja 21:10–14.

On tietenkin selvää, että henkilökohtaisiin profetioihin täytyy suhtautua hyvin varoen, etenkin jos ne käsittelevät tulevaisuutta. Joskus saatamme kaivata niin kovasti profeetallista sanaa, että olemme alttiita ottamaan vastaan vääriä profeetallisia sanoja. Toisinaan taas saatamme ottaa vastaan vääriä profeetallisia sanoja, koska ne puhuttelevat sydämemme kivijumalaa – Hes.14:2–4 (v. 1933 käännös). Väärät profetiat saattavat joskus – ainakin alkuun – jopa läpäistä tavanomaiset profetioiden koettelemistavat mutta silti osoittautua lopulta vääriksi.

Jeesus antoi meille käskyn: "Varokaa vääriä profeettoja. He tulevat luoksenne lampaiden vaatteissa, mutta sisältä he ovat raatelevia susia" (Matt. 7:15). Aina on niitä, jotka käyttävät väärin profetoimisen lahjaa, joiden pyrkimyksenä on sen avulla vain hallita ja manipuloida muita, mutta tämän ei tulisi estää meitä pyrkimästä käyttämään sitä oikein. Paholainen vastustaa tiukasti profetoimista, ja hän on aivan yhtä lailla iloinen niistä uskovista, jotka hylkäävät profetoimisen, kuin niistä, jotka käyttävät sitä väärin.

Meidän täytyy olla niitä, jotka ovat avoimina henkilökohtaiselle ja seurakunnassa tapahtuvalle profetoimiselle mutta jotka suhtautuvat siihen läpikotaisin raamatullisella tavalla. Meidän täytyy toimia erittäin tarkkanäköisesti kyetäksemme selkeästi tunnistamaan Jumalan äänen.

Lahjan käytön vaiheet
Kaikkialla Raamatussa rohkaistaan profetoimiseen ja 1. Korinttolaiskirjeen luvut 12–14 painottavat sitä, että meidän tulisi tavoitella innokkaasti ja hartaasti kaikkia henkilahjoja, ja aivan erityisesti juuri profetoimisen lahjaa, – kunhan vain profetoiminen tapahtuu oikealla tavalla ja oikeista syistä.

Yksinkertaisesti sanottuna aivan jokaisen uskovan tulisi olla hyvin innokas profetoimaan – sillä tuo lahja rohkaisee, neuvoo, haastaa, lohduttaa ja rakentaa Kristuksen ruumista.

Profeetallinen kuunteleminen nykyään

Jae 1. Kor. 14:26 osoittaa, että rakkauden innoittama kaipaus saada siunata ja rakentaa toisia ja toimia heidän parhaakseen on ainoa hyväksyttävä vaikutin minkä tahansa henkilahjan käyttämiselle. Kaikenlainen ylihengellisyys, ylpeys, kunnianhimo, huomionhakuisuus ja itsensä korottaminen on täysin vastenmielistä nöyrälle, vaatimattomalle Pyhälle Hengelle.

Vaikka kuuntelisimme Jumalaa huolellisesti, kuulisimme häntä selvästi ja jopa puhuisimme hänen sanansa täysin tarkasti, Jumala ei kunnioita profetoimistamme, jos teemme sen ylpeinä – jos toiveemme on vain saada huomio kohdistumaan itseemme ja ihmiset näkemään meidät hengenmiehinä ja -naisina.

Meidän on ehdottoman tärkeää ymmärtää, että ihmisten ja Jumalan välisen kumppanuuden periaate tarkoittaa sitä, ettei yksikään minkä tahansa lahjan ilmentymä ole erehtymätön. Uusi testamentti on tässä asiassa hyvin selkeä: jokainen profeetallinen ilmentymä täytyy arvostella. On selvää, että jos ilmentymät olisivat erehtymättömiä, tämä ei olisi tarpeellista. Tätä käsitellään osassa 8. Tämän vuoksi yksi profeetallisen vilpittömyyden merkki onkin se, että uskova, jonka kautta lahja ilmenee, on valmis alistamaan sanansa tarkan tutkimuksen alle. Profetioita ei pidä ilmaista sellaisilla sanoilla ja sellaisella tyylillä, jotka antavat ymmärtää, että ne ovat erehtymättömiä, ja jotka kyseenalaistavat tarpeen koetella niitä.

Jotkut hengelliset johtavat ovat sitä mieltä, että profetioita ei nykyään pitäisi koskaan tuoda julki ensimmäisessä persoonassa. Ongelma ei kuitenkaan ole tämä. On yleensä ihmisen kulttuurista ja taustasta kiinni, ilmaiseeko hän profetian sanoilla "näin sanoo Herra..." vai "luulen, että Jumala haluaa ehkä sanoa jotakin tällaista...". On syytä muistaa, että Hesekielin profetiat olivat paljon suorempia kuin Natanin, ja hyväksyä, että vaikka yksi profetoimisen tyyli sopisikin yhteen kulttuuriin, se ei välttämättä ole lainkaan hyväksyttävä jossakin toisessa kulttuurissa. Raamatun aikoina oli yleensä tapana välittää jonkun toisen henkilön sanat ensimmäisessä

Jumalan kuunteleminen

persoonassa. Nykyään, omassa kulttuurissamme, taas suositaan yleensä kolmannen persoonan käyttöä.

Todellinen ongelma on se, jos henkilö väittää sanojensa olevan erehtymättömiä ja kieltää tarpeen koetella niitä. Tätä voidaan tehdä hyvin hienovaraisilla ja salakavalillakin tavoilla, ja jotkut "kolmannen persoonan" profetiat voivat olla paljon "kontrolloivampia" kuin useimmat "ensimmäisen persoonan" profetiat.

Jakeet 1. Kor. 14:32-33 osoittavat, ettei profetoimisen lahjaa tulisi käyttää hallitsemattomassa hurmoksessa tai kiihkossa. Itsehillintä on yhtä lailla todiste Hengen läsnäolosta kuin mikä tahansa henkilahja.

Joissakin traditiossa vaikuttaa siltä, että ihmiset tavoittelevat liiankin intensiivisesti profetoimisen lahjaa ja antavat sen sitten ilmetä tavalla, joka näyttää siltä kuin heillä ei olisi mitään valtaa siitä, mitä he profetoivat. Tämä ei ole Jumalan tapa, ja se johtaa harhaanjohtaviin ilmentymiin ja sellaiseen kiihkoon, joka kieltää profetoimisen pohjimmaisen luonnon "armolahjana".

Emme voi "pumpata esiin" mitään lahjaan, vaan ne pulppuavat Pyhän Hengen meissä tekemästä työstä. Meidän täytyy vain oppia kiinnittämään huomiota Henkeen ja olemaan valmiita hänen käytettäväkseen – kun, miten ja milloin hän haluaa. Kaikki muu on itse kehiteltyä ja teennäistä.

Profeetallinen henki on uusi syntymäoikeutemme, ja alamme harjoittaa profetoimisen lahjaa niin, että:

- ◆ odotamme Herraa
- ◆ katsomme häneen hiljaisen odotuksen vallassa
- ◆ kuuntelemme häntä tarkkaavaisesti
- ◆ puhumme nöyryydellä sen, minkä kuulemme
- ◆ alistamme sanamme arvostelulle.

Profeetan palveluvirka

Kirjassa *Jumalan kirkkaus* seurakunnassa tarkastellaan Efesolaiskirjeen jakeiden 4:11-13 lahjoja, jotka taivaaseen

Profeetallinen kuunteleminen nykyään

astunut Kristus on antanut seurakuntansa rakennukseksi. Kirjassa todetaan kyseisen raamatunkohdan osoittavan, että näitä palveluvirkoja tarvitaan, kunnes seurakunnan rakentamisen työ on tullut valmiiksi. Tämän vuoksi kaikki nämä palveluvirat – myös profeetan virka – tulisikin siis myös nykyään tunnustaa ja hyväksyä.

Kaikki Efesolaiskirjeen jakeen 4:11 palveluvirat perustuvat Jumalan kuuntelemiselle, niin että voidaan kuulla Jumalan sana jostakin asiasta, hänen tahtonsa tuota asiaa koskien ja se, mikä hänen tietty tapansa on täyttää juuri tuo asia – sillä kaikki nämä ovat perustavanlaatuisia seikkoja kaikessa kristillisessä palvelemisessa. Jos mahdollista, profeetan palveluvirka on kuitenkin jollakin tapaa vielä muitakin palveluvirkoja enemmän riippuvaista tarkkaavaisesta kuuntelemisesta.

Efesolaiskirjeen jae 2:20 osoittaa, että "perustus"-apostoleilla ja -profeetoilla oli erityinen kutsumus ilmoittaa evankeliumi ja perustaa alkuseurakunta. Nyt seurakunta on perustettu ja näiden apostolien ja profeettojen ilmoitus on tallennettu Uuteen testamenttiin. Heidän alustavat perustukseen liittyvät tekonsa ovat täydelliset ja lopulliset – nykyään ei enää tarvita sellaista profeetan palveluvirkaa, jolla olisi tällainen samanlainen "perimmiltään perustava ja ilmoittava" tehtävä.

Tämä ei kuitenkaan tarkoita, etteikö profeetan palveluviralle olisi lainkaan sijaa nykypäivänä. Kuten kirjassa *Jumalan kirkkaus seurakunnassa* todetaan, profeetoilla on erityinen ja ainutlaatuinen osansa edelleen jatkuvassa seurakunnan rakentamisessa sekä uusien seurakuntien perustamisessa ja Jumalan Sanan ilmoittamisessa.

Nykyään Jumala käyttää profeettoja haastaakseen meitä oman tietyn tahtonsa todellisuudella ja antaakseen meille johdatustaan, viisauttaan, ohjeitaan, varoituksiaan, ohjaustaan ja tietämystään.

Voidaankin itse asiassa sanoa, että juuri palvelijoidensa profeettojen kautta Jumala saa seurakunnan liikkeelle ja toimimaan. Pastorit ja opettajat tähtäävät vakiintuneeseen

Jumalan kuunteleminen

palvelutyöhön, kun taas profeetat saavat liikkeelle ja kehottavat meitä palvelemaan.

Profeetalliset ilmoitukset ovat kaikkien raamatullisten profeetan palveluvirkojen tärkein osa – sellaiset ilmoitukset, jotka painottavat sitä välitöntä Herran sanomaa, jonka profeetta on kuullut läheisessä henkilökohtaisessa suhteessaan Jumalan kanssa. Tällaisia ilmoituksia vaikuttaisi olevan viidenlaisia.

Profeetat tuovat ilmoituksia kirjoituksista

Efesolaiskirjeen jakeen 4:11 palveluviroilla on erilliset mutta toisiaan täydentävät tarkoitukset Raamatusta löytyvän Jumalan Sanan kommunikoimisessa.

- ◆ Apostolit – julistavat Sanan, joka tuo järjestystä perustuksiin ja jatkuvaa ohjausta vasta istutetuille seurakunnille.

- ◆ Evankelistat – puhuvat Sanan, joka saa ihmiset uskomaan Jeesukseen.

- ◆ Paimenet – rohkaisevat, lohduttavat ja ravitsevat Sanalla uskovia.

- ◆ Opettajat – tuovat Sanan, joka opastaa ja opetuslapseuttaa uskovia ja antaa heille tietoa.

- ◆ Profeetat – välittävät Sanan, joka haastaa, kehottaa, rakentaa ja lohduttaa – ja jossa on erityinen, jotakin uutta paljastava sisältö.

Profeetat eivät ainoastaan tuo yleistä sanaa Jumalalta, vaan he myös nostavat esiin sellaisia erityisiä sanoja Raamatusta, jotka ovat ajankohtaisia juuri tietylle ihmisjoukolle jonakin tiettynä ajankohtana. Voitaisiinkin sanoa, että opettajat keskittyvät järjestelmällisyyteen ja profeetat yksityiskohtiin. Opettajat tarjoavat tasapainoisen "ruokavalion" ja profeetat erityisen "ruokavalion", joka pureutuu tiettyihin "ravinnollisiin" puutoksiin.

Kaikki uskovat tarvitsevat *sekä* opettajien antamaa säännöllistä raamatullista opetusta ja järjestelmällistä

Profeetallinen kuunteleminen nykyään

Raamatun avaamista *että* profeetoilta saatavaa johonkin tiettyyn aiheeseen keskittyvää ilmestystietoa. Kaikki Efesolaiskirjeen jakeen 4:11 palveluvirat täydentävät toisiaan, ja joillakin henkilöillä voi olla useampiakin niistä.

Profeetat tuovat ilmoituksia ihmisille

Edellä havaittiin, että henkilökohtaiset profetiat ovat ilman epäilystä osa profeetan palveluvirkaa. Tähän on viime vuosina liittynyt joitakin ristiriitaisuuksia, mutta mahdolliset sudenkuopat ovat vältettävissä sillä, että profeetat palvelevat nöyryydellä, todellisessa yhteydessä muiden jakeen Ef. 4:11 palveluvirkojen kanssa ja paikallisten vanhinten alaisuudessa riippumatta siitä, missä he ovat palvelemassa.

Tällaisia henkilökohtaisia profetioita on monenlaisia, esimerkiksi:

- 2. Sam. 12:1–10 – uskovan tekemän synnin esiin nostaminen: tämän ei tule olla "hengellinen herjaus", sillä sen tarkoituksena on rakentaa, ei hajottaa.

- Joh. 4:16–19 ja 1. Kor. 14:24–25 – profetia ei-uskovalle: tämän tulee olla positiivinen ja evankelioiva, ei negatiivinen ja tuomitseva.

- Ap. t. 21:4 ja 10–15 – ennustus uskovalle: tässä täytyy tehdä ero aidosti innoitettujen varoitusten, joiden on tarkoitus valmistella meitä, ja vähemmän innoitettujen neuvojen välillä, jotka ainoastaan vaikuttavat olevan profeetallisia.

- 1. Tim. 1:18–19, 4:14 ja 2. Tim. 1:6 – jokin henkilahja voidaan saada kätten päälle panemisen ja profeetallisen ohjauksen kautta: tätä tarkastellaan kirjassa *Paveleminen Hengessä*.

Profeetat tuovat ilmoituksia seurakunnalle

Edellä havaittiin, että profeettojen tehtävänä on erityisesti seurakunnan rakentaminen ja että he tekevät tätä tuomalla

Jumalan kuunteleminen

erityisen ilmoituksen, joka näyttää suuntaa Jumalan tavasta edetä esimerkiksi evankelioinnissa, palvelemisessa, esirukouksessa ja muissa seurakuntaelämän puolissa.

Jeesus on seurakunnan pää, ja hän yhä edelleen tekee tahtonsa tunnetuksi ruumiilleen profeetallisen ilmestystiedon ja johdatuksen kautta. Tämä havaitaan Apostolien tekojen jakeissa 13:1-3, joissa Paavalia ja Barnabasta koskevalla profeetallisella sanomalla oli huomattavia seurauksia Antiokian seurakunnalle. Lisäksi on tärkeää tunnistaa, että näiden jakeiden henkilökohtainen profetia annettiin yhteisöllisessä asiayhteydessä – seurakunnan ja sen johtajien keskellä.

Ilmestyskirjan lukujen 1-3 profeetallisille ilmoituksille ominaista taas on ilmaus: "Jolla on korvat, se kuulkoon, mitä Henki sanoo seurakunnille." Tämä osoittaa, että Jumala puhuu voideltujen profeettojen kautta suoraan tietyille seurakunnille.

Hengen ääni näissä kolmessa luvussa on diagnosoivaa ja parantavaa, rohkaisevaa ja ohjaavaa sekä opettavaa ja lohduttavaa. Samalla tavalla meidänkin täytyy kuunnella hänen ääntään nykyään, kun hän puhuu profeettojen kautta – ja ottaa sana vastaan herkästi ja toimia sen pohjalta uskollisesti.

Profeetat tuovat ilmoituksia tulevaisuudesta
Edellä havaittiin, että Vanhan testamentin ja alkuseurakunnan profeetat tarjosivat joskus Jumalan tietämystä tulevaisuudesta – kuten esimerkiksi kohdissa Jes. 41:22-23, 48:5-7; Ap. t. 11:27-30 ja 20:22-24. Ilmoitukset tulevaisuudesta ovat yhä osa profeetan palveluvirkaa, mutta meidän tulisi välttää turhaa uteliaisuutta ja sensaatiohakuisuutta.

Jakeet 5. Moos. 18:21-22 paljastavat, että ennustavan profetian tulikoe on se, toteutuuko kyseinen profetia vai ei. Jotkut tekevät niin yleisluontoisia ennustuksia, ettei niitä kuitenkaan voida arvioida tämän perusteella. Tällaiset ennustukset koskevat yleensä erityisesti suuria siunauksia tai aikamme lopun tapahtumia. Jos näiden ihmisten "arvaukset" eivät ole vielä toteutuneet, he sanovat, että ne toteutuvat vasta myöhemmin.

Profeetallinen kuunteleminen nykyään

Tarkasti ottaen raamatulliset ennustavat profetiat ovat kuitenkin aina tarkkoja eivätkä koskaan ympäripyöreitä. Ne joko selkeästi toteutuvat tai ovat selkeästi vääriä profetioita. Onkin syytä huomioida, että monet nykypäivän profetiat ovat pikemminkin "epäkypsiä" tai "epätäydellisiä" kuin "vääriä".

Tällaisia profetioita tuovat ihmiset ovat kyllä aidosti kuulleet jotakin Jumalalta, mutta he eivät ole pysyneet sinnikkäinä profeetallisessa kuuntelemisessaan, niin että olisivat kuulleet Jumalaa loppuun asti.

Monet meistä tunnumme aivan liian usein tyytyvän pinnallisiin profetioihin ja epätäydelliseen julistukseen, vaikka Jumala haluaa, että jatkaisimme sinnikkäästi hänen kuuntelemistaan, niin että hän voisi vetää meitä syvemmälle itseensä. Vasta silloin voimme kuulla hänen hiljaisimmatkin kuiskauksensa.

Profeetat tuovat ilmoituksia kansoille

Vaikka onkin selvää, että Vanhan testamentin profeetat julistivat Jumalan sanaa eri kansoille, näyttää siltä, että alkuseurakunnan profeetat eivät kuitenkaan toimineet samalla tavalla. Tämä on saanut jotkut hengelliset johtajat väittämään, että tämä puoli profeetan palveluvirkaa loppui Jeesukseen.

Kaikki seurakuntien johtajat ovat yhtä mieltä siitä, että seurakunnan tulisi profeetallisesti puhutella yhteiskuntaa evankelioimisen, todistamisen, palvelemisen ja vastustamisen kautta, mutta monet heistä ovat kuitenkin epävarmoja siitä, millainen uusitestamentillisen profeetan palveluviran luonne tarkalleen ottaen on suhteessa eri kansoihin. Raamattu ei anna selkeää vastausta tästä aiheesta.

Kun tähän etsitään vastausta, on syytä pitää mielessä kolme seikkaa.

◆ Vanhan testamentin profeetat julistivat Jumalan sanaa pääosin teoreettiselle valtiolle – Jumalan liittokansalle, joka eli yhtenä kansakuntana. Tämän vuoksi emme välttämättä voi käyttää heidän esimerkkiään mallina tälle profetoimisen puolelle.

Jumalan kuunteleminen

- Joskus profeetat kuitenkin puhuivat muille kansoille ja ilmoittivat, miten Jumala suhtautui epäuskoisiin yhteiskuntiin – niin sekulaarisiin valtioihin kuin sellaisiin, joissa väärät uskonnot vallitsivat. Tämä havaitaan kohdissa Jes. 13–23; Jer. 1:5, 46–51; Aam. 1:3–2:3 ja Joona 1–4.

- Jumala välittää kansoista – tätä tarkastellaan kirjassa *Isän tunteminen* – eikä ole mitään viitteitä siitä, etteikö tämä olisi totta yhä nykyäänkin. Esimerkiksi Roomalaiskirjeen luku 11 tekee selväksi, että Jumalalla on yhä merkittäviä suunnitelmia Israelin varalle.

Ei tunnukaan siis oikealta kieltää sen profeetallisen sanan yliluonnollista puolta, joka puhutaan epätoivoisesti tarvitseville kansoillemme. Jumala voi antaa ja yhä antaakin profeetallisia ilmoituksia, joilla on merkitystä kansallisesti ja kansainvälisesti. Kun seurakunta kasvaa aina vain kypsemmäksi, tämä saattaa jopa olla yhä suuremmassa osassa profeetan palveluvirkaa.

Varmaa ainakin on, että todellakin tarvitsemme profeetallisia palvelijoita, jotka puhuvat Jumalan yleistä sanaa kansoille koskien sosiaalisia, poliittisia ja hengellisiä asioita ja jotka julistavat Jumalan tiettyä tahtoa koskien tiettyjä kansallisia ja kansainvälisiä tapahtumia.

Osa 8

Profeetallisten ilmoitusten arvosteleminen

Vanhan testamentin aikoina Jumala puhui ihmisille aina kuuntelevien palvelijoidensa, voideltujen profeettojen, kautta. He toivat vaiheittain enenevästi Jumalan henkilökohtaista ilmoitusta Israelille, ja heidän sanansa – koska ne olivat itse Jumalan Sanaa – olivat erehtymättömiä.

Tästä huolimatta profeettojen ilmoitukset Jumalasta olivat aina rajallisia ja epätäydellisiä. Täydellinen ja lopullinen ilmoitus Jumalasta voitiin tuoda ihmiskunnalle ainoastaan Jumalan henkilökohtaisen Sanan – ylimmän profeetan, rakastetun jumalallisen Pojan, Jumalan kärsivän palvelijan – kautta ja toimesta.

Uuden testamentin ajan loppuun mennessä Jumala oli kommunikoinut Sanansa täydellisesti ja kokonaan ihmiskunnalle. Tämä ilmoitus tallennettiin kirjoitettuun Jumalan Sanaan – joka on Jumalan riittävä, arvovaltainen, ulos hengitetty ja erehtymätön selonteko kaikille ihmisille kaikkina aikoina.

Tämän vuoksi emme arvostelekaan – emmekä edes uskaltaisi arvostella – kirjoitettua Jumalan Sanaa. Sen sijaan otamme sen vastaan, alistumme sille, olemme kuuliaisia sille ja se arvostelee meidät. Tämä havaitaan kohdissa Hepr. 1:1–2; 2. Tim. 3:15–17; 2. Piet. 1:3–4 ja 19–21. Tätä käsitellään tarkemmin kirjassa *Elävä usko*.

Tästä siis seuraa, että alkuseurakunnan ajan jälkeen, josta kerrotaan Apostolien teoissa, yksikään profeetallinen ilmoitus ei ole ollut – eikä koskaan voi olla – yhtä innoitettu ja erehtymätön kuin Raamatun kirjoitukset.

Jumalan kuunteleminen

Innoituksen tasot

Vaikka saatamme olla vakuuttuneita siitä, että olemme kuulleet Jumalan puhuvan meille henkilökohtaisesti, selvästi ja ihanalla tavalla, ja varmoja siitä, että tiedämme, mikä Jumalan tahto ja tietty *rhema*-sana tilanteeseemme on, meidän täytyy kuitenkin pitää täysin selvänä mielessämme, että kuulemamme tai saamamme ilmoitus ei voi olla yhtä innoitettu ja erehtymätön kuin Raamattu. Ja juuri tämän vuoksi tällaiset ilmoitukset täytyykin arvostella tavalla, jolla Raamattua ei koskaan pidä arvostella.

Alkuseurakunnan aikana apostoliset profetiat annettiin opillisten ohjeistusten määrittelemiseksi koko seurakuntaa ja kaikkia aikoja varten. Ne olivat arvovaltaisia ilmoituksia, jotka olivat osa Jumalan täydellistä ja lopullista Sanaa ihmiskunnalle.

Tulisi olla selvää, että tämänkaltaisia ilmoituksia ei nykyään enää anneta. Meidän täytyy hylätä kaikki sellaiset ilmoitukset, jotka esitetään täysin innoitettuina ja erehtymättöminä, sekä sellaiset, joista niiden tuojat sanovat, että ne täytyy ottaa vastaan ilman minkäänlaista arvostelemista.

Apostolisen ajan jälkeen Jumala on kyllä jatkanut profeetallisten ilmoitusten antamista seurakunnan rakennukseksi ja sen maan päällä tekemän työn edistämiseksi. Näiden ilmoitusten innoituksen taso on kuitenkin paljon alhaisempi, ja niiden sanat on annettu tiettyihin tilanteisiin, eivätkä ne siis sido – tai välttämättä edes koske – koko seurakuntaa.

Edellä jo havaittiinkin joistakin Uuden testamentin kohdista esimerkkejä tästä vähäisemmästä innoituksen asteesta.

- ◆ Esimerkiksi 1. Korinttolaiskirjeen luvussa 14 profetoimisen lahjaan liitetään ajatus siitä, että innoitus ei ulottunut profetoivan henkilön nimenomaisesti käyttämiin sanoihin. Vaikuttaa sen sijaan siltä, että Pyhä Henki antoi ilmoituksen ydinsanoman, joka sitten ilmaistiin erehtyväisesti profetoivien ihmisten persoonallisuuden kautta. (Agaboksen profetia Apostolien tekojen jakeissa 21:10–11 on malliesimerkki

Profeetallisten ilmoitusten arvosteleminen

tästä. Profetia kyllä toteutui, mutta ei kaikkien tarkkojen yksityiskohtien osalta. Agabos oli selvästikin saanut todellisen profeetallisen ilmoituksen ydinsanoman – siis sen, että Paavali vangittaisiin Jerusalemissa –, mutta tarkat yksityiskohdat eivät olleet tärkeitä tässä profetiassa.)

◆ Ensimmäisen Korinttolaiskirjeen luvussa 14 kuvatuissa profetioissa saattoi olla virheitä, ja ne täytyi alistaa tarkan tutkiskelun ja arvostelun kohteeksi.

◆ Koska ei ole mitään viittausta siihen, että korinttilaisten profetiat olisi täytynyt laittaa ylös myöhempiä aikoja varten tai jakaa eteenpäin muille seurakunnille, niillä ei selvästikään ollut mitään yleismaailmallista merkitystä. Ne olivat pelkästään sanomia noille kyseisille ihmisille tuona kyseisenä aikana – ja siis sen puolesta täysin erilaisia kuin Raamattu tai "perustuksen muodostavat" profetiat. On kuitenkin syytä huomioida, että joskus saattaa olla myös joitakin sellaisia profetioita, jotka tulisi jakaa laajemmin muillekin ja joilla on yleismaailmallisempi merkitys.

◆ Jae 1. Kor. 14:30 antaa ymmärtää, että joitakin profetioita ei tulisi antaa lainkaan ja että toiset taas tulisi antaa ainoastaan osittain. Tämä todistaa, että nämä "lahja"-profetiat ovat vähemmän tärkeitä kuin Raamattu ja kuin "perustuksen muodostavat" profeetalliset sanat.

◆ Paavalin sanat jakeissa 1. Kor. 14:37–38 antavat ymmärtää, että Paavalilla, Jeesuksen henkilökohtaisena apostolina, oli arvovalta, joka oli paljon suurempi kuin niillä uskovilla, jotka profetoivat Korintissa, ja jopa suurempi kuin niillä, jotka tunnettiin siellä profeettoina.

Juuri siksi, koska nykyajan profeetallisissa ilmoituksissa on kyse tällaisesta alempitasoisesta innoituksesta, meidän täytyy pitää huoli siitä, että kaiken profeetallisen kuuntelemisen hedelmä arvostellaan raamatullisten periaatteiden mukaan.

Jumalan kuunteleminen

Profeetallisten ilmoitusten tarkoitus

Aina kun tarkastellemme profeetallisia ilmoituksia, meidän täytyy muistutella itseämme Jumalan Sanan kolmesta päätarkoituksesta. Jos jokin ilmoitus ei jaa näitä tarkoituksia, se täytyy koetella erityisen perusteellisesti.

1. Jumalan tunteminen

Ei pidä koskaan unohtaa, että kaikkien ilmoitusten ensisijainen tarkoitus on tuntea Jumala. Kaikki muu – johdatus, tietämys, tieto tulevasta, valtuutus, lohdutus, rakentuminen – on toissijaista.

Jumalan ilmoitukset perustuvat aina ilmoitukseen itsestä – minkä tähden lihaksi tullut henkilökohtainen Sana onkin kaiken perusta. Jumala on elävä Jumala, joka "puhuu", "kommunikoi" ja ilmoittaa itsensä. Hänen suuri kaipauksensa on se, että aivan kaikki ihmiset tuntisivat hänet ja astuisivat hänen suunnitelmiinsa. Tämä havaitaan esimerkiksi kohdissa 1. Sam. 3:7; Ef. 1:17–18; Kol. 1:9–10 ja 2:2–3.

2. Seurakunnan rakentaminen

Täytyy aina muistaa, että seurakuntaa rakennetaan – tai tehdään paremmaksi – profeetallisilla ilmoituksilla ja että profeetallisia ilmoituksia annetaan seurakunnan rakentamiseksi yhdessä, jotta se voisi rakentua.

Edellä havaittiin Efesolaiskirjeen jakeessa 2:20, että seurakunta on rakennettu apostolien ja profeettojen perustukselle. Tämä on Jumalan antama kertakaikkinen ilmoitus.

Seurakunnan vaiheittain enenevä rakentuminen jatkuu kuitenkin yhä – rakentuminen ylöspäin kohti täysi-ikäisyyttä ja ulospäin evankelioinnin kautta –, ja Jumala yhä edelleen antaa ilmoituksia tätä suurta rakennusurakkaa varten.

Lisäksi edellä havaittiin jakeessa 1. Kor. 14:3, että tämä ilmoitus "seurakunnan rakentamisesta":

- ◆ osoittaa, että Jumala haluaa meidän rakentuvan yhdessä ja rakentuvan kohti täysi-ikäisyyttä

Profeetallisten ilmoitusten arvosteleminen

♦ paljastaa, mitä Jumala on tekemässä, ja kutsuu meitä sovittamaan askeleemme hänen vauhtiinsa – tulemaan Jumalan vierelle siinä, mitä hän on tekemässä

♦ muistuttaa meitä Jumalan rakkaudesta ja läheisyydestä.

3. Voiman vapauttaminen

Edellä havaittiin, että Jeesus ei koskaan puhunut tai tehnyt muuta kuin sen, minkä hän profeetallisesti kuunnellessaan oli erottanut Isän sanovan ja tekevän. On siis olemassa suora linkki profeetallisten ilmoitusten ja Jumalan voiman vapauttamisen välillä, kuuntelemisen ja Jumalan voiman menettämisen välillä ihmisten elämissä.

Kuten havaitaan kirjoissa *Elävä usko* ja *Palveleminen Hengessä*, valtakunnan teot – evankeliointi, parantaminen, vapauttaminen, ihmeet ja niin edelleen – tehdään kaikki asiayhteydessä, jossa on saatu ilmoitus Jumalan tietystä sanasta koskien sitä, mitä Isä on tekemässä tuossa hetkessä ja tuossa paikassa.

Tiedämme, että meidät on kutsuttu olemaan osallisia Jeesuksen palvelutyöstä ja että hän on kaiken kristillisen palvelemisen esikuva. Tästä voidaan päätellä, että meidänkin täytyy oppia sitä, että puhumme ja toimimme vasta sitten, kun olemme ensin saaneet jumalallisen ilmoituksen Isän sanoista ja teoista sen myötä, kun olemme profeetallisesti kuunnelleet häntä. Tämä havaitaan esimerkiksi kohdissa Matt. 13:53–58; Luuk. 4:23–30, 5:17; Joh. 5:1–18, 14:10 ja Ap. t. 14:9–10.

Profeetallisten ilmoitusten arvosteleminen

Tässä kirjassa on toistuvasti todettu, että meidän täytyy koetella kaikki kuulemamme profeetalliset ilmoitukset – olimmepa kuulleet ne henkilökohtaisesti oman kuuntelemisemme yhteydessä tai muiden Jumalaa kuunnelleiden ihmisten sanojen kautta. Tätä painotetaan 1. Tessalonikalaiskirjeen jakeissa 5:19–22, joissa meitä käsketään olemasta

Jumalan kuunteleminen

väheksymättä profetoimisen lahjaa, *koettelemaan kaikkea* ja pitämään se mikä on hyvää.

On lähestulkoon mahdotonta ylikorostaa sitä, kuinka tärkeää profeetallisen kuuntelemisen hedelmän arvosteleminen on. Se on äärettömän olennainen apukeino virheiden välttämiseksi ja sen vastaanottamiseksi, mitä Jumala todella on "sanomassa". Tähän arvostelemiseen kuuluu sanojen sisällön, sanojen vaikuttimien ja tarkoituksen sekä puhujan elämän tarkastelemista ja arvioimista.

Nykyseurakunnassa pelätään suuresti vääriä profeettoja ja vääriä profetioita. Pinnalliset profetiat eivät käännä niin paljoa huomiota itseensä, mutta ne ovat aivan yhtä vaarallisia ja jopa paljon yleisempiä kuin väärät profetiat. Onkin syytä tehdä ero seuraavien välillä:

- ◆ Erehtymättömät profetiat – nämä ovat Raamatun ja perustusprofeettojen profetioita, joita ei tule arvostella.

- ◆ Väärät profetiat – nämä ovat profetioita, joiden vaikuttimet, alkuperät ja sisällöt ovat täysin vieraita Jeesuksen Hengelle. Nämä täytyy heti tunnistamisen jälkeen hylätä täysin.

- ◆ Epäpuhtaat profetiat – nämä ovat profetioita, joiden vaikuttimet, alkuperät ja sisällöt ovat osittain inhimillisen palvelijan tuotosta. Jumala on aidosti puhunut, mutta hänen pyhään ydinsanomaansa on lisätty jotakin, jumalaton vaikutin on tahrannut sen toimittamista tai se on annettu väärään aikaan tai hallitsemattomalla tavalla. Tässä tapauksessa arvostelemiseen kuuluu inhimillisen kuonan erottaminen jumalallisesta kullasta ja vain siitä osasta kiinni pitäminen, mikä on hyvää.

- ◆ Puhtaat profetiat – nämä ovat inhimillisen erehtyväisyyden rajoissa profetioita, joiden vaikuttimet, alkuperät ja sisällöt ovat Pyhän Hengen tuotosta. Kun ne on koeteltu ja tunnistettu puhtaiksi, ne täytyy täysin ottaa vastaan.

Profeetallisten ilmoitusten arvosteleminen

Profeetallisten ilmoitusten arvostelemiseen on olemassa useita eri testejä, jotka auttavat meitä selvittämään, onko jokin profetia väärä vai puhdas. Lisäksi on olemassa joitakin hengellisiä perussuuntaviivoja – sekä tärkeä Hengen lahja –, jotka auttavat meitä "erottelemaan" epäpuhtaan profetian eri osat toisistaan.

Toiminnalliset testit
Kohtien Ef. 1:17, 1. Kor. 14:5,6,12 ja 5. Moos. 18:21–22 pohjalta voidaan sanoa, että on olemassa kolme yksinkertaista kysymystä, jotka jokaisen profeetallisen ilmoituksen kohdalla täytyy kysyä:

- ◆ Paljastaako se Jumalan luonnon?
- ◆ Rakentaako se ihmisiä, jotka sitä kuuntelevat?
- ◆ Onko sen todistettu olevan paikkansapitävä?

Tiedämme, että jokainen Jumalalta tuleva ilmoitus on ilmoitus Jumalasta itsestään ja että sen tarkoituksena on vetää meitä läheisempään suhteeseen hänen kanssaan. Jokainen todellinen sana on siis annettu nimenomaan sitä tarkoitusta varten, että se voisi liittää meitä tiukemmin kiinni Jumalaan – ja hänen mieleensä, armoonsa, voimaansa ja kutsumukseensa.

Vaikka olisimme kuunnelleet tarkkaavaisesti, emme ole saaneet profeetallista ilmoitusta, jos se ei rakenna Jumalan kansaa tai rakenna sitä yhteen, jos se ei mukaudu Jumalan luontoon tai vedä ihmisiä hänen luokseen tai jos se on joko liian epämääräinen koeteltavaksi tai jos se koettelemisen myötä osoittautuu epätarkaksi.

Teologiset testit
Edellä on toistuvasti havaittu, että kaikkien profetioiden täytyy mukautua Jumalan Sanaan – sekä kirjoitettuun Sanaan että henkilökohtaiseen Sanaan. Lisäksi nostettiin esiin se raamatullinen periaate, että kaikkien profetioiden täytyy todistaa Jeesuksesta.

Jumalan kuunteleminen

Jakeiden 5. Moos. 13:1-5; Joh. 16:14; Ap. t. 10:43; Room. 10:9-10; 1. Kor. 12:3; 1. Joh. 2:20-27, 4:1-6; 2. Joh. 1:10 ja Ilm. 19:10 kaltaiset kohdat merkitsevät, että meidän tulisi kysyä jokaisen profeetallisen ilmoituksen kohdalla myös seuraavat kolme kysymystä:

- ◆ Onko se yhdenmukainen Raamatun kanssa?

- ◆ Onko se yhdenmukainen Jeesuksen luonteen kanssa?

- ◆ Todistaako se Jeesuksesta – hänen herruudestaan, jumalisuudestaan, inhimillisyydestään, sovituskuolemastaan, ylösnousemuksestaan ja niin edelleen?

Tämä ei tarkoita, että jokaisen profeetallisen ilmoituksen täytyisi sisältää jokin "todistava" jae ja kirkas viittaus Jeesukseen, jotta se voitaisiin hyväksyä oikeaksi. Pikemminkin kyse on siitä, että ilmoitus täytyy hylätä, jos se ei ole yhdenmukainen raamatullisten periaatteiden ja Jeesuksen ilmoitetun luonnon kanssa, jos se on päinvastainen kuin jokin tietty Raamatun käsky ja jos se ei – jollakin tapaa – osoita Jeesukseen.

Moraaliset testit
Edellä havaittiin, että Vanhassa testamentissa väärät profetiat tunnistetaan tunnistamalla ensin väärät profeetat. Jos profeetta on väärä, niin on myös hänen profetiansa – riippumatta siitä, kuinka paikkansapitävältä tai raamatulliselta se saattaakaan vaikuttaa. Kohdat 5. Moos. 13:1-5, 18:21-22; Jer. 23:9-40 ja Hes. 12:21-14:11 antavat ymmärtää, että väärillä profeetoilla on joitakin seuraavista tunnusomaisista piirteistä:

- ◆ Heidän ennustavat profetiansa eivät pidä paikkaansa.

- ◆ He kutsuvat ihmisiä seuraamaan muita jumalia.

- ◆ Heillä on moraaliton elämäntyyli.

- ◆ He eivät tuomitse moraalittomuutta muissa.

- ◆ He vaativat rauhaa mutta jättävät kokonaan

Profeetallisten ilmoitusten arvosteleminen

mainitsematta rauhaan vaadittavat moraaliset ja hengelliset olosuhteet.

Väärät profeetat puhuvat, jo määritelmänsäkin mukaan, vääriä profetioita. Jeesus rohkaisee meitä Matteuksen evankeliumin jakeissa 7:15-29 "varomaan" vääriä profeettoja. Kyseisissä jakeissa Jeesus osoittaa, ettei meidän pidä arvostella ihmisiä sen perusteella, miltä he pinnallisesti näyttävät, vaan heidän palvelutyönsä ja elämänsä vaikutuksen – hedelmän – perusteella.

Voitaisiin sanoa, että Uudessa testamentissa – erityisesti kohdissa Matt. 7:15-16 ja 1. Joh. 1:6-7 – esitellään kolme moraalista testiä, jotka auttavat tunnistamaan väärät profeetat:

◆ Tuottavatko he hedelmää, jota Jeesus pitää hyvänä?

◆ Kulkevatko he Herran kanssa?

◆ Onko heillä hyvä yhteys muiden uskovien kanssa?

Olipa jokin profeetallinen ilmoitus kuinka hämmästyttävä tahansa, vakuuttipa se kuinka kovaan ääneen Kristuksen herruutta tai lainaisipa se kuinka kaunopuheisesti Raamattua tahansa, jos sen tuoja ei vaella Herran ja muiden uskovien kanssa ja tuottaa huonoa hedelmää, tuo ilmoitus on parempi hylätä.

Hengelliset testit

Edellä todettiin, ettei totuus ole Jumalan totuus, jos se kerrotaan ylpeydellä tai itsekeskeisistä syistä. Meidän ei siis tule arvostella ainoastaan profeetallisen ilmoituksen sisältöä, vaan myös tuon ilmoituksen tuojan elämää ja sanoman "sävyä".

Koska Jumalan Sana tulee meille aina Jumalan henkäyksellä – Hengen välityksellä – meidän täytyy kysyä itseltämme, onko profeetallisen ilmoituksen yleissävy yhdenmukainen nöyrän ja vaatimattoman Pyhän Hengen luonnon kanssa.

Tulisi olla itsestään selvää, että ne profeetat, jotka ovat lähellä Jumalan sydäntä ja joilla on kaikista eniten kokemusta hänen kuuntelemisestaan, voivat kaikista parhaiten myös arvostella profeetallisia ilmoituksia. Ja "profeetalli-

Jumalan kuunteleminen

nen yksimielisyys" on profeetallisten ilmoitusten keskeinen koetinkivi.

Jae 1. Kor. 14:29 on tärkeä jae tähän liittyen. Se antaa ymmärtää, että aitoa profeetallista ilmoitusta ympäröi aina muitakin sitä tukevia profeetallisia ilmoituksia ja että muut profeetalliset miehet ja naiset todistavat sen oikeaksi. Kyseisessä jakeessa sana "toiset" on kreikaksi *allos* – "toinen samanlainen", ei *heteros*, "toinen erilainen". Tämä sana puhuu sen puolesta, että alkuseurakunnassa yleensä samat miehet ja naiset, jotka profetoivat, myös arvostelivat näitä profeetallisia ilmoituksia.

Tämän perusteella voidaankin päätellä, että julkisissa kokoontumisissa annettujen profetioiden arvosteleminen tulisi mieluiten jättää pääosin niille miehille ja naisille, jotka myös säännöllisesti profetoivat. Useimmissa seurakunnissa näihin "toisiin" lukeutuvat tietenkin myös seurakunnan johtajat – mutta he "koettelevat profeetalliset ilmoitukset" siksi, koska he myös itse profetoivat, eivät siksi, koska sattuvat olemaan johtajia. Loppupeleissä seurakunnan virallinen johto on kuitenkin vastuussa yksittäisten profetioiden hyväksymisestä tai hylkäämisestä. Juuri johtajat, asemassaan seurakunnan hengellisinä johtajina, päättävät, miten kuhunkin profetiaan suhtaudutaan ja kuinka sen pohjalta toimitaan.

Profetioiden arvosteleminen ei ole sitä, että yksi ihminen vain näyttää "vihreää valoa" tai "punaista valoa" jokaiselle yksittäiselle sanomalle. Profetoiminen on niin tärkeää, että Jumala haluaa meidän suhtautuvan siihen paljon tätä vakavammin.

Itse asiassa arvosteleminen – kuten profetoiminenkin – on prosessi, johon tulisi kuulua:

- ◆ seurakunnassa tapahtuvaa oikeaksi todistamista – Henki on ihmisissä ja ihmisten kanssa, ja hän antaa heidän välilleen yleisen yksimielisyyden koskien jotakin tiettyä Jumalan sanaa

- ◆ profeetallista kutsua – niiden, jotka kaikista useimmin

Profeetallisten ilmoitusten arvosteleminen

palvelevat käyttäen profetoimisen lahjaa, tulisi ohjata seurakuntaa kohti Jumalan tiettyä sanaa henkien erottamisen lahjan avulla

◆ johtajilta saatua ohjausta – johtajilla on hallinnollinen arvovalta ja vastuu varmistaa, että Jumalan Sana tunnistetaan ja että se otetaan käyttöön.

Arvostelemisen lahja

Edellä käsiteltyjen testien lisäksi "toiset" voivat myös arvostella profeetallisia ilmoituksia käyttämällä henkien erottamisen lahjaa, *diakrisis*-lahjaa.

Kyseinen kreikan kielen sana tarkoittaa "perusteellista arvostelemista", "perusteellista havaitsemista" tai – kaikista tarkimmin – "perusteellista erottelemista". Sanaa diakrisis ja sen verbimuotoa *diakrino* käytetään kohdissa:

◆ Matt. 16:3 – osoittamaan, kuinka jonkin merkitys voidaan päätellä jostakin kuvasta

◆ 1. Kor. 6:5 – totuuden erottamisesta riitatilanteessa

◆ 1. Kor. 11:31 – korostamaan arvostelemisen tärkeyttä

◆ 1. Kor. 12:10 – hengellisestä lahjasta

◆ 1. Kor. 14:29 – osoittamaan, kuinka tärkeää se on profetoimisen kannalta.

Voitaisiin sanoa, että *diakrisis* on Jumalan antama hengellinen lahja, joka tekee meidät kykeneviksi tunnistamaan "puhtaan" profetian sekä erottelemaan jumalallisen sanoman ihmiskuonasta "epäpuhtaissa" profetioissa – ja näin ollen kykeneviksi "pitämään se mikä on hyvää" ja "pysymään erossa kaikesta pahasta".

Profeetalliset "arvostelijat" tai "erottelijat" kuuntelevat kaikki profeetalliset ilmoitukset *ja* he kuuntelevat Henkeä. He pitävät mielessään edellä käsitellyt testit, he muistavat, että kaikki Hengen toiminta kääntää katseet Jeesukseen, ja he ymmärtävät, että aidot raamatulliset profetiat

Jumalan kuunteleminen

keskittyvät siihen, mitä Jumala tekee, ajattelee ja sanoo pikemmin kuin sen kertomiseen, miten ihmisten tulisi niihin vastata.

"Toiset" eivät sano kustakin yksittäisestä profetiasta "kyllä" tai "ei", vaan he erottelevat niistä pois inhimillisen innostuksen, kulttuurilliset vaikutteet ja traditioihin pohjautuvat painotukset ja välittävät sitten profeetallisten ilmoitusten jatkumon ydinsanoman. Tämä ei ole ymmärrystä ja tarkkuuta koetteleva tehtävä, vaan henkilahja, joka toimii samanlaisella tavalla kuin kaikki muutkin henkilahjat.

Ja kuten pätee kaikkiin Hengessä elämisen puoliin, tämäkin on äärimmäisen vapauttavaa. Tämänkaltainen perusteellinen arvosteleminen – tai seulominen – poistaa hylkäämisen tai torjutuksi tulemisen pelon aiheuttamat pastoraaliset ongelmat, ja lisäksi se on kirkas osoitus siitä, että seurakunta todella toimii vastavuoroisena ruumiina.

Henkilökohtaisten profetioiden koetteleminen

Sen lisäksi, että meidän täytyy arvostella profeetalliset ilmoitukset, jotka saadaan julkisesti, meidän täytyy myös koetella profeetalliset ilmoitukset, jotka kuulemme itse omissa yksityisissä kuunteluhetkissämme sekä mitkä tahansa "sanat", jotka joku toinen uskova antaa meille henkilökohtaisesti. Meidän täytyy tietää, olemmeko todella kuulleet Jumalaa vai olemmeko vain joutuneet omien luonnollisten tunteidemme tai toisen henkilön hengellisen tai tunteellisen painostuksen vietäväksi.

Aiemmin tässä luvussa esiteltyjen testien lisäksi on useita sellaisia kysymyksiä, jotka voivat auttaa meitä arvostelemaan näitä henkilökohtaisia profeetallisia ilmoituksia.

Koettele sanoman tuoja

Meidän täytyy arvioida kahta asiaa siinä miehessä tai naisessa, joka profetoi meille henkilökohtaisesti:

◆ Tämän tilivelvollisuutta – meidän tulisi selvittää, toimiiko kyseinen henkilö oikealla tavalla seurakunnan

Profeetallisten ilmoitusten arvosteleminen

huolenpidon ja kurin alla vai onko hän "yksinäinen susi" tai "kävelevä aikapommi". Meidän täytyy selvittää, kuka oikaisee häntä ja suostuuko hän siihen – ja onko hän todellisuudessa lainkaan tilivelvollinen kellekään.

◆ Tämän elämäntyyliä – meidän tulisi myös tarkistaa hänen "hedelmänsä". Tähän kuuluu hänen luonteensa, oppinsa ja palvelutyönsä tulokset. Meidän täytyy selvittää, onko hän Kristuksen kaltainen elämässään ja palvelutyössään, ovatko hänen uskomuksensa raamatullisia ja rakentuuko Jumalan valtakunta hänen kauttaan. Tässä täytyy kuitenkin varoa vaatimasta ehdotonta täydellisyyttä tai täysi-ikäisyyttä – sillä Jumala voi puhua vaikka pyhäkouluryhmän nuorimman lapsen kautta, jos hän niin tahtoo.

Vaikka profetia olisi paikkansapitävä, meidän täytyy hylätä se, jos sen tuoja ei läpäise raamatullisia testejä. On syytä pitää mielessä, että:

◆ Jeesus torjui väärät profeetat, vaikka näytti silti, että he tehokkaasti sekä profetoivat että ajoivat ulos riivaajia– Matt. 7:15–23

◆ Kaifas profetoi paikkansapitävästi, vaikka hän ei ollut Kristuksen seuraaja – Joh. 11:45

◆ Bileam sekä ennusti pakanallisilla tavoilla että profetoi Herran nimessä, joten Jumala kumosi hänen julistamansa sanat ja käänsi hänen julistamansa kirouksen siunaukseksi Israelille – 4. Moos. 22–24.

Koettele sanoma

On olemassa koko joukko käytännöllisiä kysymyksiä, joita voidaan pohtia jokaisen henkilökohtaisen profetian kohdalla. Jotkut niistä sopivat paremmin niiden profeetallisten ilmoitusten koettelemiseen, joita kuulemme omissa yksityisissä kuunteluhetkissämme, ja toiset taas niiden koettelemiseen, jotka saamme jonkun toisen henkilön kautta.

Jumalan kuunteleminen

Kaikista tärkein seikka muistaa on se, että meidän tulisi *aina* koetella *jokainen* sanoma perusteellisesti.

Perustuuko profeetallinen ilmoitus tosiasioihin?
Jos joku puhuu Hengessä, hänen sanansa ovat paikkansapitäviä: hänen ilmoittamansa merkit tapahtuvat, hänen ennustamansa asiat toteutuvat.

Meidän tulisi kuitenkin ymmärtää, että profetiat eivät ole samalla tavalla sanallisesti innoitettuja kuin Raamattu. Vaikka Henki antaakin ydinilmoituksen tai "ydinsanoman", inhimilliset seikat saattavat vääristää sitä.

Lisäksi on syytä muistaa, että paikkansapitävyys ei ole todiste aitoudesta. Yliluonnolliset tosiseikat eivät itsessään ole merkki aidosta profetiasta, sillä ne saattavat tulla myös demonisesta lähteestä.

Onko se raamatullinen?
Jos sanoma sisältää väärää oppia, se on varoitusmerkki siitä, että tuo sanoma ei välttämättä ole tullut Pyhältä Hengeltä. Joskus aito profetia saattaa kuitenkin sisältää opillisia virheitä sen tähden, että profeetta ei osaa kypsällä tavalla käsitellä profeetallisia ilmoituksia. Tämän vuoksi meidän täytyykin toimia erotellen – ja joskus meidän täytyy erottaa jumalallinen ydin muusta inhimillisestä kuonasta. Jokaisen profetian täytyy kuitenkin lopulta täysin alistua Raamatulle. Tästä syystä myös opettajien ja profeettojen olisi hyvä pyrkiä työskentelemään enemmän yhdessä, kuten itse asiassa kaikkien jakeen Ef. 4:11 palveluvirkojen. Jokainen niistä voi hyötyä toinen toisestaan.

Onko se vahvistettu ja vahvistava?
Jos Jumala todella puhuu, voimme odottaa hänen myös vahvistavan Sanansa useilla eri tavoilla ja useasta eri lähteestä. Tämä periaate havaitaan kohdissa Matt. 18:19–20; Ap. t. 13:2 ja 1. Kor. 13:1.

Profeetallisten ilmoitusten arvosteleminen

Todistaako Henki profeetallisen ilmoituksen oikeaksi?
Pyhä Henki todistaa oikeiksi todelliset profetian sanat, ja koska hän on meissä ja meidän kanssamme, voimme odottaa hänen antavan meille sisäisen sinettinsä aidoista profeetallisista ilmoituksista.

Meidän täytyy tietenkin pitää huoli siitä, ettemme sekoita Hengen todistusta inhimilliseen reaktioon – erityisesti silloin, kun jokin profetia haastaa jonkin ennakkokäsityksen, uskonnollisen tradition tai kulttuurillisen normin!

Edellä havaittiin, että Henki tekee tätä todistamista muun muassa "hedelmänsä" kautta. Voimme kysyä itseltämme, onko sanoma yhdenmukainen hänen rakkautensa, ilonsa, rauhansa, kärsivällisyytensä, ystävällisyytensä ja niin edelleen kanssa. Profetiat virtaavat Uudessa testamentissa Kristuksen Hengeltä, ja ne tulisi yleisesti ottaen antaa rakennukseksi, kehotukseksi ja lohdutuksesi.

Eihän se pyri millään tavalla sivuuttamaan vastuutamme tehdä päätöksiä?
Aidot profetiat kääntävät katseet siihen, mitä Jumala tekee, ja kutsuvat meitä sovittamaan askeleemme hänen askeleihinsa. Ne saattavat kääntää katseemme Jumalan tiettyyn tahtoon tai jopa haastaa meitä olemaan kuuliaisia hänen tahdolleen – mutta ne eivät vaadi, että meidän tulisi olla kuuliaisia harkitsemattomasti, ilman juuri kyseessä olevan ilmoituksen koettelemista. Jokaista profeetallista ilmoitusta tulisi tarkastella yhdessä viisaiden sielunhoitajien ja jumalallisten, kypsien johtajien kanssa.

Välttäähän se liian henkilökohtaisia aiheita?
Meidän tulee suhtautua suurella varauksella sanomiin, joiden tuojat väittävät Jumalan kertoneen heille, kenen kanssa meidän tulisi tai ei tulisi mennä naimisiin, minkä väriseksi meidän tulisi maalata kotimme, minkälainen auto meidän tulisi ostaa ja niin edelleen.

Jumalan kuunteleminen

Onko ilmoitus yhdenmukainen niiden neuvojen kanssa, jotka Jumala on elämäämme varten antanut?
Henkilökohtaisten profetioiden tulisi pääosin vahvistaa asioita, jotka Jumala on jo aiemmin sanonut. Hän saattaa antaa meille uutta tietoa henkilökohtaisen profetian kautta, mutta nämä tiedot ovat linjassa sen kanssa, mitä tiedämme Jumalan kokonaissuunnitelmasta elämäämme varten.

Meidän tulisi suhtautua varoen siihen, jos saamme jotakin, joka ei sovi yhteen sen kanssa, mitä jo tiedämme. Meidän ei tule torjua tällaista profeetallista ilmoitusta suoralta kädeltä, sillä se saattaa olla suuntaa näyttävä sana, joka piirtää raamit seuraavalle vaiheelle siinä, kun Jumala vaiheittain paljastaa tahtoaan elämäämme varten yhä enemmän. Meidän tulisi kuitenkin asettaa se sivuun ja pyytää Herraa selventämään kyseistä tilannetta.

Pyrkiikö se ilmaisemaan omaavansa enemmän innoitusta tai arvovaltaa kuin sillä todellisuudessa on?
Edellä havaittiin, etteivät kaikki profetiat ole yhtä innoitettuja. Henkilökohtainen sanoma on usein vain innoitettu lohdutus tai rohkaisu, mutta se saattaa – toisinaan – olla merkittävä suuntaa näyttävä, oikaiseva tai tulevaisuudesta kertova sana.

Jumala uskoo tällaiset "merkittävät" sanat lähes aina vain kokeneille ja kypsille profeetallisille ihmisille. Useimmat virheet aiheutuvat siitä, kun ihmiset alkavat profetoida muilla tavoilla kuin joihin "heillä on uskoa" tai Jumalan antama lahja. Meidän täytyy olla erityisen tarkkoina varsinkin sellaisten sanojen kanssa, jotka näennäisesti määrittelevät joitakin tulevaisuuteemme liittyviä seikkoja.

Koetelkaa kaikkea
Tämän profeetallisten ilmoitusten arvostelemista käsittelevän luvun tärkeyttä ei voida liikaa korostaa. Aina jos painotetaan Jumalan kuuntelemista ja profeetallista puhumista, täytyy myös ymmärtää raamatullisella tavalla, mitä profeetallisten ilmoitusten kokeminen on.

Profeetallisten ilmoitusten arvosteleminen

Tämä ei ole koskaan helppo osa-alue, ja meidän täytyykin lähestyä sitä suurella nöyryydellä. Jos kuitenkin kuuntelemme ilman koettelemista tai profetoimme ilman arvostelemista, avaamme oven virheille, häiritseville tunteille, inhimilliselle painostukselle ja demonisille häiriötekijöille.

Osa 9

Profeetallisen kuuntelemisen kehittäminen

On erittäin surullista, että kaikista viime vuosien konferensseista, kirjoista ja saarnoista huolimatta säännölliselle profetoimiselle ei edelleenkään näytä olevan tunnustettua paikkaa useimmissa eri seurakunnissa. Vain hyvin harvat seurakunnat tekevät tilaa profetoimiselle tai suhtautuvat siihen pyhällä kunnioituksella.

Monet hengelliset johtajat eivät usko, että profeetallinen kuunteleminen ja profeetalliset ilmoitukset olisivat tapa, jolla Jumala nykyään kommunikoi. Jopa joissakin helluntai- ja karismaattisissa seurakunnissa pelätään laajasti vääriä profeettoja, hyväksytään pinnalliset profetiat ja ollaan epävarmoja siitä, mitä profetioiden arvosteleminen on.

Meidän tulisi ymmärtää, että saatana vastustaa tiukasti profetoimista ja on päättänyt tehdä kaikkensa mustamaalatakseen ja saadakseen uskovat sivuuttamaan sen. Hänellä onkin hyvä syy tähän vastustukseensa, sillä profetoiminen todellakin on erittäin arvokasta seurakunnalle.

Kuten edellä on havaittu, Jumala puhuu profetioiden kautta. Hän käyttää niitä ilmaistakseen läsnäolonsa, tuodakseen rakentumista, rohkaisua ja lohdutusta uskoville ja saadakseen sellaiset ihmiset vakuuttuneiksi, jotka eivät vielä ole pelastettuja.

Profetioiden kautta Jumala ilmoittaa luonteensa, ohjaa ihmisten tekoja, varoittaa ihmisiä pakenemaan ongelmia, valmistaa ihmisiä kohtaamaan vaikeuksia ja näyttää, ketkä hän haluaa palvelukseensa kotona ja merten toisella puolella.

Profetioiden kautta voimme tietää Jumalan tietyn sanan ja hänen välittömän tahtonsa ja voimme jäljitellä Jeesuksen päätöstä tehdä vain se, minkä hän kuuli ja näki Isän tekevän.

Jumalan kuunteleminen

Siksipä onkin ehdottoman tärkeää, että määrittelemme selkeästi hyväksytyn ja tunnustetun roolin profeetoille ja profetoimiselle nykyseurakunnassa ja että tiedämme, kuinka kehittää profeetallista kuuntelemista ja elämistä kaikissa yksittäisissä seurakunnissa.

On useita eri seikkoja, joita sekä seurakuntien johtajat että tavalliset uskovat voivat tehdä kehittääkseen Jumalan profeetallista kuuntelemista.

Johtajat

Kristittyjen uskovien täytyy voida luottaa siihen, että heidän johtajansa suhtautuvat heidän profetoimiseensa vakavasti eivätkä pidä sitä harmittomana erikoisuutena. Profeetallinen palvelutyö ei useinkaan kehity niissä seurakunnissa, joiden johtajat ajattelevat, että heidän tulee kyllä sallia jonkun "sanoa pikkuasiansa" mutta että he voivat sitten vähin äänin sivuuttaa sen, mitä tuo henkilö sanoi.

Julkinen reagoiminen

Johtajien tulisi julkisesti reagoida profetoimiseen. Heidän ei itse asiassa tule edes sallia profetoimista, elleivät he myös tarjoa keinoja profetioiden käsittelyyn.

Tällä hetkellä jotkut Jumalan palvelijat eivät tee tilaa profetoimiselle, sillä he pelkäävät sitä mahdollisuutta, että joku vahvatahtoinen yksilö pääsisi sen kautta kohdistamaan haitallista painostusta heihin itseensä. Jos joku tuokin profeetallisen ilmoituksen, se otetaan pääosin vastaan kiusallisen hiljaisuuden vallassa – ja unohdetaan sitten nopeasti.

Raamatullinen periaate "arvostella" profetioiden virtaa Jumalan Sanan ydinsanoman paljastamiseksi kuitenkin poistaa inhimilliseen painostukseen ja henkilökohtaiseen torjuntaan liittyvät pastoraaliset ongelmat.

Yksinkertaisesti sanottuna jae 1. Tess. 5:20 tekee selväksi, ettei yhdenkään johtajan tulisi koskaan sivuuttaa profetoimista. Kaikissa seurakunnan traditioissa on mahdollista määrittää

Profeetallisen kuuntelemisen kehittäminen

sopiva "arvokkaasti ja hyvässä järjestyksessä" toteutuva malli hengellisten lahjojen ilmenemiselle. Johtajien tulisi varmistua siitä, että tämä malli myös tunnetaan ja että sitä noudatetaan, että he antavat tilaa kompuroinneille ja epäonnistumisille – ja että he suhtautuvat näihin väistämättömiin lipsahduksiin hymyllä.

Tiedämme, että voimme oppia virheistä enemmän kuin siitä, ettemme tee mitään, ja että emme voi saavuttaa täysi-ikäisyyttä ilman, että joudumme käymään läpi vaiheen, jossa olemme alaikäisiä. Nämä totuudet pätevät aivan yhtä lailla profetoimiseen kuin kaikkiin muihinkin aineellisen ja hengellisen elämämme puoliin.

Julkinen ohjeistaminen

Useimmat ihmiset, erityisesti vierailijat, pitävät hyödyllisenä, jos pastorit jollakin tavalla kommentoivat tai selittävät hengellisiä lahjoja ja jos he ohjeistavat ihmisiä ja kertovat heille niistä toimintamalleista, joita heidän seurakunnassaan noudatetaan.

Johtajien tulisi pyrkiä varmistamaan, että heidän jumalanpalveluksissaan on raamatullista *taxista* – järjestystä ja järjestelmällisyyttä –, ja tehdä tilaa "kaikelle" sallimatta kuitenkaan sekasortoa tai kaoottista epäjärjestystä.

Koska kaikki profeetalliset ilmoitukset ovat Jumalan kirjoitetun Sanan alaisia, johtajien täytyy tuntea Raamattu ja kyetä sekä puolustamaan tervettä oppia että paljastamaan väärät opit.

Heidän tulisi myös arvioida profetoivien henkilöiden luonnetta – jotta voidaan välttää väärien profeettojen soluttautuminen heidän joukkoonsa – unohtamatta kuitenkaan jakeiden 4. Moos. 22:28–30 periaatetta. Jos Jumala voi puhua kyseisten jakeiden tavalla, hän voi varmastikin puhua myös kaikkein vanhimpien tai nuorimpien, epäkypsimpien, kouluttamattomimpien tai edustuskelvottomimpien uskovien kautta.

Jumalan kuunteleminen

Julkinen rohkaiseminen

Efesolaiskirjeen jakeet 4:11–12 opettavat, että pastoreilla on ensisijainen vastuu uskovien varustamisessa palvelemiseen ja seurakunnan rakentamiseen. Koska profetiat ovat perustavanlaatuinen osa seurakunnan rakentamista, pastoreiden ja opettajien tulisi aktiivisesti auttaa "pyhiä" profetoimaan.

Monet uskovat tarvitsevat jatkuvaa rohkaisua luottaakseen niihin ajatuksiin, joita Jumala heille antaa. Toiset taas tarvitsevat ohjausta, joka auttaa heitä siirtymään pinnallisista latteuksista tarkkoihin profetioihin. Ja jotkut tarvitsevat opastusta siinä, kuinka ja milloin lopettaa puhuminen.

Lopuksi, jos profeetallisen kuuntelemisen ja elämisen halutaan kehittyvän seurakunnassa, johtajien täytyy näyttää julkisesti esimerkkiä profetoimisen tavoittelemisessa – tai *zelosissa*. Jos johtajat tavoittelevat profetoimista, jos he tekevät kuuntelemisesta ensisijaisen asian henkilökohtaisessa elämässään, muutkin ihmiset alkavat "kuulla" Jumalan puhetta selvemmin.

Jos johtajien kuitenkin ajatellaan olevan profetoimista vastaan – tai vähintäänkin suhtautuvan siihen epäillen –, ihmiset eivät todennäköisesti viitsi kuunnella Jumalaa tai ottaa hänen profeetallista sanaansa vakavasti.

Ihmiset

Jumalan kuunteleminen on hänen Sanansa kuuntelemista. Jos janoamme saada kuulla Jumalan "puhuvan", meidän täytyy kyllästää itsemme Jumalan kirjoitetulla Sanalla ja elää lähellä hänen henkilökohtaista Sanaansa. Ei ole olemassa mitään oikotietä tai nopeita vastauksia, jotka vähentäisivät tarvetta elää kurinalaista elämää.

Ahmi Raamattua

Profeetallinen innoitus tulee siitä, että altistumme Sanalle ja olemme avoimia Hengelle.

◆ Meidän täytyy alati ahmia Raamattua voidaksemme

Profeetallisen kuuntelemisen kehittäminen

kuulla useimmat Jumalan ajatuksista.

- Meidän täytyy lukea sitä säännöllisesti, perusteellisesti ja tarkkaavaisesti – hengellisillä "korvilla", jotka ovat valmiina kuulemaan, mikä on Jumalan tapa korostaa *rhema*-sanaansa meille.

- Meidän täytyy lukea kaikkia Raamatun osia – Vanhaa ja Uutta testamenttia, kolmatta Mooseksen kirjaa ja Luukkaan evankeliumia, Aamoksen kirjaa ja Apostolien tekoja, Habakukin kirjaa ja Heprealaiskirjettä ja niin edelleen.

- Lisäksi meidän täytyy muistaa jakeiden 1. Tess. 2:13 ja 1. Kor. 2:14 totuudet. Hengen, jolta kirjoitukset ovat lähtöisin, täytyy myös tehdä ne selviksi meille, sillä niiden sisältämät totuudet voidaan erottaa vain hengellisesti, ei älyllisesti.

Kun teemme tätä, meidän täytyy samalla jatkuvasti mukautua Raamatun opetuksiin, sillä ymmärtäminen ilman evankeliumin kuuliaisuutta on aina syntiä. Jumala ei puhu Sanaansa ainoastaan opettaakseen meille tosiseikkoja itsestään, vaan hän antaa Sanansa pohjimmiltaan sitä varten, että me voisimme tuntea *hänet* – henkilökohtaisesti, läheisesti, suoraan ja ilolla.

Kuten kirjassa *Isän tunteminen* havaitaan, evankeliumin kuuliaisuus on meille annettua kykyä olla kuuliainen, ei omia lihallisia ponnisteluja. Sana voi täyttää tarkoituksensa ihmisen elämässä vain Hengen työn kautta. Tämä havainnollistaa sitä, kuinka tärkeää *sekä* läheinen avoimuus Pyhälle Hengelle *että* kirjoitetun Sanan läheinen tunteminen on.

Innokas profetoimisen tavoittelu

Kuten johtajien, aivan jokaisen uskovankin tulisi noudattaa kolmesti 1. Korinttolaiskirjeen luvussa 14 toistettua käskyä. Meidän täytyy innokkaasti tavoitella profetoimisen lahjan vakiintumista omassa seurakunnassamme ja kaikissa seurakunnissa.

Jumalan kuunteleminen

Meidän tulisi ilman minkäänlaisia hengellisiä pyrkimyksiä tarjota itsemme Jumalalle nöyrinä palvelijoina, jotka ovat valmiita toimimaan kuuliaisesti hänen Henkensä kehotuksen mukaan. Jumala ei tarvitse muuta kuin korvan ja suun, ja meidän jokaisen tulisi tarjoutua olemaan yksi hänen palvelevista sanansaattajistaan – jotka puhuvat vain sen, minkä hän puhuu, ja tekevät sen sekä maailmalle että seurakunnalle.

Odota Jumalan puhuvan
Kun alamme suhtautua vakavasti profeetalliseen kuuntelemiseen ja elämiseen, meidän täytyy myös odottaa, että Jumala alkaa "puhua" meille, kutsua meitä läsnäoloonsa, kuiskata ajatuksiaan meidän "korviimme", asettaa "taakkaansa" "harteillemme" ja niin edelleen.

Monet pitävät hyödyllisenä käyttää muistikirjaa, johon he kirjaavat kaikki unet, ajatukset ja sanat, joiden he ajattelevat olevan Jumalan sanaa heille. Tällainen tapa voi ajan myötä auttaa tunnistamaan niitä sitkeitä kuiskauksia, jotka helposti tulevat sivuutetuiksi.

Jos vaikuttaa siltä, että Jumala on sanomassa jotakin, joka ei ole tarkoitettu henkilökohtaisesti meille itsellemme, meidän tulisi kysellä häneltä, onko kyseinen ajatus sana, joka tulisi välittää jollekin toiselle henkilölle tai ihmisjoukolle. Meidän täytyy muistaa, ettei kaikkia profeetallisia ilmoituksia ole tarkoitettu julkiseen levitykseen mutta että kaikki profeetalliset ilmoitukset on tarkoitettu henkilökohtaisiin rukous- ja esirukoushetkiin.

Kun ajattelemme, että Jumala on puhunut meille sanan, joka meidän tulisi välittää eteenpäin, meidän täytyy antaa hänen johdattaa itseämme oikean paikan, ajan ja henkilön suhteen. Meidän täytyy luovuttaa itsemme täysin Hengen varaan – jonka kehotuksesta tiedämme missä, milloin, kenelle ja mitä.

Profeetallisen kuuntelemisen kehittäminen

Tunnista pelot
Useimmat uskovat suhtautuvat syystäkin melko varoen Jumalan sanan puhumiseen toiselle henkilölle. Jos näin on, on hyvä tunnistaa tämän pelokkuuden syy, niin että voidaan pyytää Jumalaa käsittelemään se.

Olisikin hyvä kysyä itseltään, pelätäänkö sitä:

- mitä muut ajattelevat?
- ettei kyetä puhumaan profetiaa loppuun asti?
- että sanotaan jotakin outoa?
- että vaikutetaan typeriltä?
- että joudutaan vainotuksi, torjutuksi tai väärin ymmärretyksi?

Meidän tulisi itse asiassa aina pelätä enemmän sitä, mitä Jumala ajattelee meistä, jos emme ole kuuliaisia hänelle ja puhu, kuin sitä, mitä muut sanovat, jos olemme kuuliaisia Jumalalle ja puhumme.

Meidän täytyy ymmärtää, että kehitymme oppimalla virheistämme ja epäonnistumisistamme. Emme opi mitään sillä, että pysymme hiljaa, kun Jumala on käskenyt meidän puhua.

Meidän täytyy tuntea empatiaa muita uskovia kohtaan, jotka opettelevat kuuntelemaan Jumalaa ja puhumaan profeetallisesti, ja suhtautua ymmärtäväisesti heidän kompuroiviin yrityksiinsä. Ja samalla meidän tulee itse jatkaa profeetallista kuuntelemista ja elämistä – niin että Jumalan "ääni" voidaan kuulla aina vain suuremmalla selkeydellä, arvovallalla ja voimalla siinä maailmankolkassa, johon meidät on asetettu.

Profeetallinen esirukous
Edellä mainittujen profeetallisen kuuntelemisen erityisten kehittämistapojen lisäksi johtajien ja tavallisten uskovien molempien täytyy kehittää kuuntelemistaan profeetallisen esirukouksen avulla. Vaikka päämäärämme tulisikin olla

Jumalan kuunteleminen

kehittää kuunteleva elämä, joka on *jatkuvasti* valmiina kuulemaan Jumalan ääntä, voimme rakentaa tämänkaltaisen tarkkaavaisen elämän vain kuuntelevan rukouksen perustalle.

Tiedämme, että Jumala haluaa meidän tulevan lähelle häntä, niin että hän voisi paljastaa syvimmät ajatuksensa meille. Ja tämän hän tekee rukouksen kautta. Siksi meidän tulisikin rukoilla, että saisimme profeetallisia ilmoituksia, ja rukoilla sitten saamiemme ilmoitusten pohjalta.

Rukouksessa on kyse kaikesta siitä, mitä emme itsessämme tai itse ole, mutta monet keskittyvät rukoillessaan silti yleensä vain omiin huolenaiheisiinsa ja ajatuksiinsa. Henkilökohtaiset asiat voivat jopa rukoillessamme peittää mielestämme Jumalan tahdon ja *hänen* huolenaiheensa ja taakkansa.

Kun lähestymme Jumalaa rukouksessa, meidän tulisi olla innokkaampia vastaanottamaan hänen sanansa kuin kertomaan omat huolemme – meidän tulisi tulla lähelle häntä tyhjin käsin ja avoimina hengessämme.

Esirukousta käsitellään yksityiskohtaisemmin kirjassa *Toimiva rukous*. Siinä opitaan, että meidän täytyy vastaanottaa Jumalan ohjausta esirukouksiimme. Kaikki Raamatun suuret esirukoilijat olivat Hengen voitelemia profeettoja, ja he kaikki noudattivat tarkkaa järjestystä esirukouksissaan:

- ◆ He astuivat Jumalan läsnäoloon rukouksessa.

- ◆ He kuuntelivat hiljaa ja kärsivällisesti saadakseen Jumalan ilmoituksen.

- ◆ He puhuivat tuon ilmoituksen takaisin Jumalalle esirukouksessa.

- ◆ He julistivat tuon ilmoituksen niille ihmisille, joille heidän se tuli julistaa.

Voidaankin sanoa, että profeetallinen esirukous on profeetallisiin ilmoituksiin liittyvää rukoilemista ja että se on – useimmille ihmisille – tie elämään, jota leimaa Jumalan profeetallinen kuunteleminen.

Profeetallisen kuuntelemisen kehittäminen

Todellinen raamatullinen esirukous ei ole sukulaistemme tarpeiden toistamista eikä omien vaatimustemme luettelemista. Aito, raamatullinen, profeetallinen esirukous alkaa sen sijaan aina siitä, että odotamme hiljaisesti ja sinnikkäästi ilmoitusta Jumalan sydämestä.

Kuten edellä havaittiin, Vanhan testamentin profeetat saivat:

◆ näkyjä Jumalalta – he näkivät mitä hän näki

◆ taakkoja Jumalalta – he tunsivat mitä hän tunsi

◆ sanoja Jumalalta – he kuulivat mitä hän sanoi.

Sama on totta yhä nykyäänkin: raamatullinen esirukouksemme alkaa siitä, kun saamme profeetallisen ilmoituksen Jumalalta – eikä se yleensä räjäytä tajuntaamme sellaisella tavalla, että se täysin valtaisi mielemme tai vaatisi välitöntä huomiotamme.

Kuten Elia oppi jakeissa 1. Kun. 19:9–18, meidänkin täytyy oppia, että Jumalan ääni on hyvin harvoin myrskyn, maanjäristyksen tai tulenlieskan kaltainen. Yleisemmin se on kuin kevyt humiseva ääni, jonka voivat kuulla vain ne, jotka kuuntelevat tarkkaavaisesti.

Profeetalliset ilmoitukset johtavat luonnollisesti profeetalliseen esirukoukseen, ja monet ilmoitukset annetaankin esirukouksen ohjaamiseksi ja siihen rohkaisemiseksi. Vaikka olemmekin Jumalan palvelevia sanansaattajia, meidän ei tulisi tunnetasolla irrottautua sanomastamme. Olemme sen sijaan aitoja kumppaneita tuossa profeetallisessa sanomassa – kumppaneita, jotka rukoilevat Jumalaa sanoman puolesta, rukoilevat, että hänen suunnitelmansa toteutuisivat.

Tämä järjestys kuunteleminen⟶profeetallinen ilmoitus ⟶esirukous voidaan havaita erityisen selvästi kohdassa 4. Moos. 14:13–19, jossa Mooses rukoilee vastauksena profeetalliseen ilmoitukseen, jonka mukaan Jumala oli valmis tuhoamaan kansansa.

Jumalan kuunteleminen

Kyseisessä kohdassa on kolme seikkaa, jotka muovaavat Mooseksen profeetallista esirukousta:

Jumalan maine
Mooses tiesi, että Jumalan maine oli vaakalaudalla. Jos kansa tuhottaisiin, ympäröivät pakanakansat ajattelisivat, ettei *Jahve* ollut kykenevä pitämään lupaustaan.

Mooses ei yrittänyt hieroa kauppoja Jumalan kanssa, vaan hän oli aidosti huolissaan Jumalan nimestä ja maineesta. Hän oli nähnyt Jumalan kirkkauden, ja nyt hän janosi sitä kipeästi. Profeetallinen ilmoitus Jumalan aikeista sai hänet rukoilemaan Jumalaa, että Jumala säilyttäisi maineensa.

Jumalan luonne
Koska Mooseksella oli läheinen suhde Jumalan kanssa, kuten havaitaan kohdassa 2. Moos. 33:12–34:8, Mooses tiesi, että Jumala oli ennen kaikkea armollinen ja anteeksiantava. Hänen rukouksensa olikin käytännössä: "Jumala, muista mitä ilmoitit itsestäsi Siinailla, anna anteeksi kansalle!"

Mooses ei pyrkinyt manipuloimaan Jumalaa, vaan hän rukoili sen sanan mukaan, jonka hän oli jo aiemmin saanut Jumalan luonteesta.

Jumalan kansa
Mooseksella oli syvä huoli Jumalan kansasta, ja hän samastui noihin ihmisiin täysin. Hän rakasti heitä eikä halunnut, että he tuhoutuisivat, joten hän rukoili heidän puolestaan, koska hän välitti heistä.

Kuten Mooseksen esirukouksia, meidänkin esirukouksiamme muovaavat ja synnyttävät usein myötätuntomme ihmisiä kohtaan ja huolemme heistä – mutta tämä ei riitä. Myös profeetallisten ilmoitusten, jotka ovat kuuntelemisemme hedelmää, täytyy määrittää rukoilemistamme – kuten myös sen, että tunnemme Jumalan ja rakastamme häntä.

Profeetallisen kuuntelemisen kehittäminen

Kuunteleva elämä

Kun olemme oppineet kuuntelemaan Jumalaa rukouksessa, meidän täytyy alkaa tunnistaa hänen "ääntään" monilla muillakin tavoilla – samalla kun kuitenkin jatkamme hänen kuuntelemistaan myös rukouksessa.

Jumala on suuri kommunikoija, joka puhuu meille nykyään sekä henkilökohtaisesti että suoraan. Kun meille on kehittynyt "rukouselämä", joka pyörii enemmän kuuntelemisen kuin pyyntöjen esittämisen ympärillä, voimme alkaa kuunnella Jumalan ääntä kaikilla niillä tavoilla, joilla hänen voidaan havaita "puhuvan" omilleen Raamatussa.

Raamattu

Jakeiden 1. Kor. 10:11; 2. Tim. 3:16–17 ja Hepr. 4:12–13 kaltaiset kohdat muistuttavat meitä kirjoitetun Sanan elävästä voimasta ja arvosta.

Jumala puhuu meille hengessämme Raamatun kautta kiinnittämällä huomiomme johonkin tiettyyn jakeeseen, ominaisuuteen tai tapahtumaan. Joskus hän tekee tätä niissä hetkissä, kun luemme Raamattua itseksemme, kun kuulemme Raamattua luettavan julkisesti ääneen tai kun kuulemme jonkun opettajan selittävän Raamattua. Toisinaan hän taas kehottaa meitä muistelemaan jotakin jaetta tai kohtaa, jonka olemme joskus aiemmin lukeneet tai kuulleet.

On välttämätöntä, että kyllästämme itsemme Sanalla – lukemalla, opiskelemalla, pohdiskelemalla ja opettelemalla sitä itse ulkoa henkilökohtaisesti, kuuntelemalla raamatullisia saarnoja ja raamatullista opetusta ja hyödyntämällä opetuskirjoja ja muita apukeinoja.

Luonnollinen maailma

Kohdat 1. Moos. 9:12–17; Ps. 19:1–6; Sananl. 6:6–8; Matt. 6:25–30 ja Room. 1:18–20 havainnollistavat sitä totuutta, että Jumala kommunikoi kanssamme luomakuntansa ja luonnollisen maailman kautta.

Jumalan kuunteleminen

Joskus Jumala "puhuu" meille hengessämme, kun huomaamme jonkin yksityiskohdan jossakin pienessä osassa luomakuntaa tai kun ihailemme jonkin vaikuttavan näkymän suuruutta ja ihmeellisyyttä. Joskus taas silloin, kun vain vietämme aikaa hänen seurassaan ja nautimme hänen kädenjäljestään.

Monet meistä elävät nykyään niin kiireistä elämää, ettemme juurikaan käytä aikaa "Jumalan kanssa puutarhassa kävelemiseen". Jos vilpitön päämäärämme on kehittää kuunteleva elämä, meidän täytyy järjestää elämässämme tilaa hetkille, jolloin olemme yksin Jumalan kanssa – emmekä vain rukoillaksemme, vaan myös nauttiaksemme hänestä ja hänen luomakunnastaan.

Jumala todella haluaa olla mukana elämämme kaikissa osaalueissa, mutta hän haluaa myös, että me olisimme yhdessä hänen kanssaan osallisia *hänen* elämästään ja ymmärtäisimme *hänen* toimintaansa.

Tapahtumat ja olosuhteet
Edellä havaittiin, että Jumala kommunikoi kansallisten tapahtumien ja henkilökohtaisten olosuhteiden kautta. Tämä ei ole ainoa tapa, jolla hän "puhuu", ja meidän täytyy vastaanottaa Hengen viisaus, jotta osaamme tulkita tapahtumia oikein, mutta Jumala todellakin puhuu meille hengessämme elämämme yksityiskohtien kautta – jopa, kuten jakeet Jaak. 5:14–15 osoittavat, sairauden kautta.

Tämä ei tarkoita, että Jumala aiheuttaisi sairautta elämäämme tai että esimerkiksi jokainen luonnonkatastrofi olisi Jumalan tuomio jollekin tietylle kansalle. Jobin tarina tarjoaa ymmärrystä tähän asiaan. Job kärsi suuresti. Sabalaiset hyökkäsivät hänen kimppuunsa, surmasivat hänen palvelijansa ja veivät hänen karjansa. Tämän jälkeen tuli poltti hänen lampaansa ja paimenensa. Seuraavaksi kaldealaiset ryöstivät hänen kamelinsa ja surmasivat niiden ajajat. Sitten raju myrsky iski hänen taloonsa niin, että kaikki hänen lapsensa saivat surmansa. Lopuksi saatana vielä

Profeetallisen kuuntelemisen kehittäminen

hyökkäsi Jobia vastaan henkilökohtaisesti ja löi häntä kipeillä paiseilla.

Kenen syytä tämä kaikki oli? Vaikka saatana kyllä yllytti hyökkäyksiin, sabalaiset ja kaldealaiset käyttivät myös omaa vapaata tahtoaan teoissaan. Myös luonto liittyi tapahtumiin. Lisäksi Jobin kirjan jakeet 1:12 ja 2:6 osoittavat, että Jumala selkeästi antoi luvan kaikille näille tapahtumille. Nämä eri osaset pidetään Jobin kirjassa yksinkertaisesti toistensa rinnalla teologisessa jännitteessä. Jobin kirja osoittaa, että Jumala voi käyttää jopa muiden ikäviä tekoja – sekä valitettavia luonnonoloja – kommunikoidakseen syviä totuuksia meille.

Raamattu osoittaa, että Jumala esimerkiksi käyttää olosuhteitamme ja niiden kautta:

- ◆ kurittaa meitä – Hepr. 12:3–11
- ◆ tekee meidät nöyriksi ja koettelee meitä – 5. Moos. 8:2–5
- ◆ osoittaa voimansa ja rakkautensa – 2. Moos. 14:30–31.

Kaikki mikä meille ja kansallemme tapahtuu, on osa Jumalan "sallivaa" tahtoa. Hän "sallii" sen, vaikka se ei välttämättä ole hänen "täydellinen" tahtonsa. Tämän vuoksi, kuten Jeremian kirjan jakeissa 9:12–16, meidän täytyykin usein tulkita tapahtumia profeetallisesti, jotta ymmärtäisimme, mitä Jumala haluaa olosuhteidemme *kautta* sanoa.

Vaikutelmat

Tiedämme, että Pyhällä Hengellä on pääsy sydämemme ja mielemme sisimpiin sopukoihin. Tämän vuoksi hän voikin kommunikoida suoraan inhimilliseen henkeemme "järjen ohittavalla" tavalla pyhien "vaikutelmien" kautta. Nämä tulevat usein esimerkiksi seuraavien kautta:

- ◆ ajatukset
- ◆ sanat
- ◆ oivallukset

Jumalan kuunteleminen

- kuvat
- fyysiset tuntemukset
- sisäinen ääni
- profeetallinen puhe
- kielet
- kielten tulkinta
- profetoimisen lahja.

Jotkut uskovat tuntuvat ajattelevan, että tällaiset "järjen ohittavat" vaikutelmat ovat Jumalan "tavanomainen" tapa kommunikoida nykyään. Meidän täytyy kuitenkin ymmärtää, että ne ovat vain yksi monista tavoista ja että ne eivät ole "parempia" tai "hengellisempiä" kuin muut tavat.

Kun Jumalaa puhuu meille tällaisella tavalla, meidän täytyy varmistua siitä, että hänen sanansa koetellaan ja ettei sitä ymmärretä väärin.

Unet ja näyt
Raamattu tekee selväksi, että Jumala kommunikoi joskus kansansa kanssa unien kautta öisin ja näkyjen kautta päivisin.

Tämä voidaan havaita läpi Vanhan testamentin sekä Jeesuksen syntymässä, hänen kuolemassaan ja alkuseurakunnan kehittymisen tärkeissä vaiheissa, esimerkiksi kohdissa: 1. Moos. 15:1, 20:3-7, 28:12-15, 37:5-11, 40:8-19, 41:1-36; 4. Moos. 12:6-8; 5. Moos. 13:1-5; 1. Sam. 3:9-15; Hes. 1:1-3:15; Dan. 1:17, 2:1-45, 5:11-12; Joel 2:28; Matt. 1:20-21, 2:12-13, 2:19-23, 27:19; Ap. t. 9:10-16, 10:3-6, 11:5-10, 16:9-10, 18:9-10; 2. Kor. 12:1-4 ja Ilm. 1:10.

Tämä ei tarkoita, että kaikki unemme sisältävät aina jonkin sanoman Jumalalta vaan pikemminkin että – toisinaan – hän kääntää huomiomme Sanaansa jonkin unen tai näyn kautta. Meidän ei tulisi sivuuttaa uniamme, mutta meidän ei myöskään tarvitse pyrkiä muistamaan tai ymmärtämään niitä kaikkia.

Profeetallisen kuuntelemisen kehittäminen

Kun rakennamme kuuntelevan elämän kuuntelevan rukouksen varaan, opimme tunnistamaan Jumalan tavat nostaa esiin tiettyjä puolia elämästämme – myös alitajunnan puolen – *rhema*-Sanansa ilmoittamiseksi.

Korvin kuultava ääni

Tässä kirjassa on useaan kertaan todettu, että Jumala puhuu vain hyvin harvoin äänellä, jonka voisimme kuulla fyysisillä korvillamme. On kuitenkin syytä tunnistaa, että on joitakin harvoja yksittäisiä tilanteita – kuten kohdissa 2. Moos. 3:4–4:17 ja 1. Sam. 3:4–14 –, joissa Jumala kuitenkin puhuu kuultavalla äänellä.

Kuuntelemisprosessi

Kirjassa *Elävä usko* havaitaan, että on helpompi keskittyä prosessin yhteen osaan kuin arvostaa koko prosessia. Tämä yleinen virhe pätee myös profetoimiseen. Monissa kirkkokunnissa ajatellaan esimerkiksi profetoimisen yhteydessä pääasiassa vain puhumista, kun taas – tässä kirjassa – on keskitytty enemmän profetoimisen perustukseen, kuuntelemiseen.

On kuitenkin syytä muistaa, että profetoiminen on täydellinen prosessi, joka koostuu:

- kutsusta Jumalan läsnäoloon
- läheisestä suhteesta Jumalan kanssa
- sinnikkäästä, tarkasta kuuntelemisesta
- Jumalan sanan vastaanottamisesta Hengen kautta
- sanan arvostelemisesta ja erottelemisesta
- Jumalan sanan välittämisestä eteenpäin henkilölle tai ihmisjoukolle, jolle se on tarkoitettu.

Kaikki nämä vaiheet kuuluvat profetoimiseen, ja tämä koko prosessi saattaa viedä huomattavan paljon aikaa – se on vain harvoin yksi lyhyt hetki!

Jumalan kuunteleminen

Edellä myös havaittiin, että koko seurakunta on kutsuttu innokkaasti tavoittelemaan profetoimista ja että profetioiden arvosteleminen kuuluu aina useammalle henkilölle. Profeetallinen prosessi on vain harvoin yksilöllistä toimintaa, yleensä siihen liittyy koko seurakunta. Meidän täytyy oppia kuuntelemaan niin yhdessä kuin myös yksinään, arvostelemaan toistemme profeetallisia ilmoituksia, alistamaan omat ilmoituksemme muiden arvosteltaviksi ja – mikä tärkeintä – luottamaan muiden koeteltuihin ilmoituksiin.

Kun elämme kuuntelevaa elämää, meidän täytyy usein muistutella itseämme koko prosessista – *profeetallisesta ilmoituksesta tulkintaan, selvennykseen, soveltamiseen, vaikuttimiin, esirukoukseen* ja *julistamiseen* – ja varmistua siitä, että kiinnitämme varmasti huomiota kaikkiin osa-alueisiin. Yhteenvetona meidän täytyy siis:

◆ Kuunnella Jumalaa läheisen, henkilökohtaisen suhteen, palvelevan kumppanuuden ja Hengen johtaman rukouksen asiayhteydessä.

◆ Ymmärtää, että hän puhuu meille pohjimmiltaan ilmoittaakseen itsensä meille – hänen ilmoituksensa aina parantavat sitä suhdetta, joka hänellä on meidän kanssamme.

◆ Havaita, mitä Jumala haluaa osoittaa sen tavan kautta, jota hän päättää käyttää.

◆ Tulkita saamamme ilmoitukset huolellisesti Hengen viisauden ja tietämyksen avulla, niin ettemme ymmärrä väärin sanoman merkitystä ja tarkoitusta.

◆ Arvostella, koetella, punnita, seuloa ja erotella saamamme ilmoitukset raamatullisesti ja varmistua siitä, että ne ovat linjassa Raamatun, pyhitetyn maalaisjärjen, muiden ilmoitusten jne. kanssa.

◆ Soveltaa niitä viisaasti ja suhtautua niihin tarkkuudella varmoina siitä, että opimme Jumalalta, kuinka hän haluaa niitä sovellettavan, kenelle hän haluaa meidän

Profeetallisen kuuntelemisen kehittäminen

ne antavan, milloin ne tulisi kertoa, kenen tulisi ne puhua ja niin edelleen.

- Tarkistaa kahteen kertaan profetoimisemme vaikuttimet ja varmistua siitä, ettemme vain pyri kääntämään huomiota itseemme ja että haluamme rakentaa seurakuntaa emmekä vain tuomita niitä, jotka ärsyttävät meitä.
- Olla esirukouksessa saamiemme ilmoitusten pohjalta.
- Antaa sana armossa ja lempeästi.
- Innokkaasti ottaa vastaan meille tarkoitetut koetellut ilmoitukset ja olla kuuliaisia niille.

Profeetallisen kuuntelemisen ja elämisen ensimmäiset askeleet

Olemme oppineet, että – helluntaista lähtien – jokainen Hengen täyttämä kristitty voi profetoida ja että jokainen mies tai nainen, jolla on profeetan palveluvirka, on vain sellainen henkilö, joka profetoi muita useammin.

Tarvitsemme kipeästi, että seurakunta olisi aidosti profeetallinen, ja tarvitsemme jokaiseen paikallisseurakuntaan miehiä ja naisia, joilla on profeetan palveluvirka. Jumala käyttää ketä tahansa, joka on valmis etsimään hänen kasvojaan, tavoittelemaan hänen lahjojaan ja olemaan tarpeeksi rohkea yrittämään.

Jotkut uskovat eivät ole varmoja siitä, mitä heidän tulisi tehdä, kun he ensimmäisen kerran alkavat vakavasti kuunnella Jumalaa. Seuraavat käytännönläheiset ehdotukset voivat auttaa uskovia ottamaan ensimmäisiä tunnustelevia askeliaan kohti elämää, jota leimaa profeetallinen kuunteleminen.

- Valmistaudu sydämessäsi kuuntelemaan Jumalaa.
- Muistuttele itseäsi siitä, että Jumala todella tahtoo ilmoittaa itsensä, tahtonsa, ja sanansa kaikille lapsilleen – hän puhuu ja haluaa sinun tuntevan äänensä.

Jumalan kuunteleminen

- Vastusta vihollista, niin ettei hän enää laittaisi häiritseviä ääniä ja ajatuksia mieleesi – tätä käsitellään kirjassa Palveleminen Hengessä.
- Sulje pois kaikki muut ajatukset.
- Lue jokin raamatunkohta, jotta sinun olisi helpompi keskittyä Jumalaan.
- Rukoile lyhyesti kielillä – tämä vahvistaa henkeäsi ja valmistaa sinua ottamaan vastaan Jumalan ilmoituksen.
- Ole avoimella ja vastaanottavaisella mielellä Jumalan puoleen ja kuuntele kuullaksesi hänen ajatuksiaan, kehotuksiaan ja ehdotuksiaan.
- Tartu kiinni kaikesta, minkä saat henkeesi.
- Tarkista ja koettele nämä ajatukset.
- Pyydä Jumalalta selkeyttä ja vahvistusta.
- Ole kärsivällinen, varaa aikaa.
- Ole varma, että olet tulkinnut profeetallisen ilmoituksen oikein.
- Kerro saamasi ilmoitus jollekin kokeneemmalle henkilölle ja pyydä häntä koettelemaan se sinun puolestasi.
- Ole valmis ottamaan vastaan oikaisemista ja vahvistamista.
- Toimi saamasi ilmoituksen pohjalta – Hengen selkeän johdatuksen alaisuudessa.

Tässä olen. Lähetä minut.
Jakeiden Mark. 4:14–20; Hepr. 4:2 ja Jaak. 1:22 kaltaiset kohdat korostavat sitä totuutta, että pelkkä Jumalan kuunteleminen ei riitä. Meidän täytyy myös toimia kuulemiemme sanojen pohjalta. Yksinkertaisesti sanottuna me huijaamme itseämme, jos kuuntelemme mutta emme toimi.

Profeetallisen kuuntelemisen kehittäminen

Apostoli Paavali antoi Timoteukselle tätä koskien joitakin tärkeitä neuvoja, jotka sopivat myös meille:

◆ Käytä sitä sanaa, jonka Jumala on sinulle antanut, ja taistele sen avulla – 1. Tim. 1:18.

◆ Älä lyö laimin sitä lahjaa, jonka Jumala on sinulle antanut – 1. Tim. 4:14.

◆ Herättele sinussa olevaa profeetallista sanomaa, pidä se elossa – 2. Tim. 1:1–7.

Kuten Timoteuksen, meidänkin täytyy pitää kiinni kuulemistamme sanoista, selvittää, mitä Jumala meille niiden kautta haluaa puhua, ja toimia sitten niiden pohjalta viisaasti – täysin riippuvaisina Pyhästä Hengestä ja pitäen kiinni kaikista muistakin kristillisistä harjoitteista, kuten esimerkiksi rukouksesta, Raamatun lukemisesta ja kristittyjen yhteydestä.

Jesajan kirjan jakeessa 6:5 kerrotaan Jesajan nöyrästä vastauksesta Jumalan profeetallisen sanomaan. Mekään emme, Jesajan tavoin, tarjoudu Jumalan profeetallisiksi palvelijoiksi ylpeydestä tai kunnianhimosta. Sen sijaan tulemme tietäen, kuinka vajavaisia todellisuudessa olemme – sekä tietäen, että puutteemme ja vajavaisuutemme eivät tee meistä kelpaamattomia. Jos annamme heikkouksiemme saada meidät turvautumaan Pyhään Henkeen, ne ovat itse asiassa myönteisiä ominaisuuksia.

Jesajan kirjan jakeissa 6:6–8 kerrotaan, kuinka Jumala puhdisti Jesajan ja kysyi häneltä sitten kysymyksen, jonka hän yhä edelleen esittää meillekin: "Kenet minä lähetän? Kuka lähtee sananviejäksi?" Saakoon Jesajan vastaus olla myös meidän vastauksemme.

Kun tulemme lähelle Jumalaa, tietoisina synneistämme ja vajavaisuuksistamme, voimme olla varmoja siitä, että hän haluaa puhdistaa ja varustaa meidät – ja että hänellä on meitä varten varattuna erityinen tehtävä, jonka vain me voimme täyttää. Kun opimme kuuntelemaan häntä henkilökohtaisesti – ja vastaamaan täydellä evankeliumin

Jumalan kuunteleminen

kuuliaisuudella – pääsemme syvemmälle hänen elämäänsä ja saamme nähdä hänen tekevän työtään entistä luovemmin ja voimallisemmin ympärillämme olevien kärsivien ihmisten elämissä.

www.ingramcontent.com/pod-product-compliance
Lightning Source LLC
Chambersburg PA
CBHW031113080526
44587CB00011B/953